Jogos de Amor

Jogos de Amor
Copyright da tradução © Butterfly Editora Ltda. 2008
Direitos autorais reservados.
É proibida a reprodução total ou parcial, de qualquer forma
ou por qualquer meio, salvo com autorização da Editora.
(Lei nº 9.610, de 19 de fevereiro de 1998.)

Direção editorial: **Flávio Machado**
Colaboração: **Afonso Moreira Jr.**
Assistente editorial: **Dirce Yukie Yamamoto**
Chefe de arte: **Marcio da Silva Barreto**
Capa e projeto gráfico: **Ricardo Brito**
Fotos da capa: **Svemir, Elnur, Anna Khomulo
e Feng Yu / Dreamstime.com**
Revisão: **Maria Aiko Nishijima**
Fotolito da capa: **SERMOGRAF**

Dados Internacionais de Catalogação na Publicação (CIP)
(Câmara Brasileira do Livro, SP, Brasil)

Canhoto, Américo
Jogos de amor / Américo Canhoto. – São Paulo : Butterfly
Editora, 2008.

ISBN 978-85-88477-79-7

1. Aconselhamento conjugal 2. Amor 3. Cônjugues
4. Homem-mulher – Relacionamento 5. Espiritualidade I. Título.

08-08011   CDD: 248.844

Índice para catálogo sistemático:
1. Amor conjugal : casais : Guia de vida cristã : Cristianismo   248.844

Butterfly Editora Ltda.
Rua Atuaí, 383 – Sala 5
Vila Esperança/Penha
CEP 03646-000 – São Paulo – SP
Fone: (0xx11) 2684-9392
www.flyed.com.br | flyed@flyed.com.br

Impresso no Brasil, na primavera de 2008 pela:
SERMOGRAF – Artes Gráficas e Editora Ltda.

1-10-08-4.000

Jogos de Amor

Américo Canhoto

São Paulo – 2008

Hoje, e desde o princípio dos tempos, amar sempre foi um jogo divertido. Vale a pena continuar jogando: o objetivo é alcançar a felicidade a dois. No entanto, muitos são os perigos a enfrentar. As armadilhas encontram-se por toda parte. Ardilosos inimigos da nossa felicidade estão sempre à espreita: são o orgulho, o egoísmo, a mentira, a traição...

Sumário

9 🦋 Carta dos Editores

11 🦋 Introdução

13 🦋 Objetivos primeiros

20 🦋 Manual do usuário

27 🦋 Sugestões para avançar de fase

42 🦋 Primeiro intervalo obrigatório

51 🦋 Primeira fase

84 🦋 Intervalo obrigatório antes da segunda fase

105 🦋 Segunda fase

129 🦋 Terceira fase

136 🦋 Quarta fase

147 🦋 Quinta fase

164 🦋 Sexta fase

185 🏃 Terceiro intervalo
203 🏃 Considerações finais
207 🏃 Sugestões para os próximos jogos de amor
210 🏃 Trilha sonora de nossa vida
211 🏃 Bibliografia

Carta dos editores

O RPG – sigla inglesa para a expressão *Role Play Game* – pode ser traduzido como um jogo de interpretação ou de representação de personagens. Foi criado no ano de 1974 no lançamento de Dungeons & Dragons, de Gary Gygax e Dave Arneson.

No RPG, os jogadores representam o papel de personagens fictícios interagindo em cenários variados. Por estimular a sociabilidade, o trabalho em equipe e o cooperativismo, o RPG é utilizado por educadores e profissionais da área de recursos humanos. Por suas virtudes, e, principalmente por não incentivar a competição, o RPG também é recomendado como atividade saudável pela Agência Espacial Norte-Americana (Nasa). Além disso, ele incentiva a imaginação, estimula o raciocínio, a leitura, o trabalho em equipe e a aquisição de novos conhecimentos.

Trata-se de um jogo envolvente, no qual existe uma função específica desempenhada pelo Mestre do Jogo, ou simplesmente o mestre, ou o narrador. O mestre cria e conduz a história; ele é ao mesmo tempo o roteirista, o diretor e o mediador da partida.

Américo Canhoto, médico de família há trinta anos, é o mestre de *Jogos de amor*. A mecânica do RPG foi o recurso que o autor encontrou – hábil conhecedor das necessidades do ser humano, ele que é médico do corpo e da alma – para alinhavar recomendações e reflexões sobre relacionamentos amorosos. Graças a esse criativo fio condutor e à bagagem do autor, temos em mãos um eficiente facilitador que certamente contribuirá para a felicidade de todos aqueles que se entregarem, prazerosamente, ao LOVE GAME. Mas, antes de alcançá-la, prepare-se para conhecer os diversos mundos imaginários onde a ação se desenrola: MITOLÂNDIA, COBAIA, MULA, ESPERTOS e ESPÍRITOS. As "fichas" dos personagens descrevem seus atributos, pontos de vista, inteligência e força de vontade.

O jogador poderá improvisar à vontade – desde que não quebre o sistema do jogo, conjunto de regras de uma partida de RPG.

No RPG não existem ganhadores ou perdedores. Todos se divertem e se realizam. Participe deste fabuloso jogo. Nunca foi tão fácil adquirir conhecimento para ser feliz no relacionamento amoroso. Aprenda a vencer inibições, livrar-se de preconceitos, identificar necessidades e descobrir seu potencial. Durante o jogo – que lembra bastante um filme de aventura – as ilusões se desvanecem e descobrimos que a felicidade existe e que é possível amar e ser amado de verdade.

Os editores

Introdução

A idéia central deste livro não é tirar o encanto dos jogos de amor, da sedução e até da paixão arrebatadora, mas, sim, convidar o leitor a refletir a respeito do que é real ou não na anatomia do amor.

Nossa conversa virtual pode ajudar a observar e a ver o que está por trás de um rosto bonito, de um corpo atlético ou escultural, de um par de olhos claros ou escuros... Reconhecer que todos merecem o mesmo respeito e cuidados que desejamos para nós.

Para que os leitores possam familiarizar-se com a linguagem e o estilo deste livro, é preciso que compreendam a intenção e a forma do game.

Este é um jogo no formato RPG.

O *Role Play Game* (RPG, "jogo de interpretação de papéis") é um tipo de competição na qual os participantes assumem os papéis de personagens e criam narrativas colaborativamente. O desenvolver do jogo se dá de acordo com um sistema predeterminado de regras, que permite aos jogadores improvisar livremente. As escolhas dos jogadores determinam a direção que o jogo irá tomar.

Os RPGs são tipicamente mais colaborativos e sociais do que competitivos. Um jogo típico une os seus participantes em um único time que se aventura como um grupo. Um RPG raramente tem perdedores. Isso o torna diferente dos jogos de tabuleiro, jogos de cartas, esportes ou qualquer outro tipo de jogo. Como romances ou filmes, RPGs agradam porque alimentam nossa imaginação, sem no entanto limitar o comportamento do jogador a um enredo específico.

Embora de aparência sempre nova, como todo jogo de RPG, sua origem se perde na eternidade da memória no tempo e espaço. Todos os jogadores, até os iniciantes, são antigos jogadores de retorno à disputa, mesmo que não se recordem.

Este livro é o ponto de partida para uma série de reflexões sobre o amor.

Seja bem-vindo.

Américo Canhoto

Objetivos primeiros

As fases iniciais deste jogo ocorrem no tabuleiro das sensações. Passo a passo, a cada fase superada, a capacidade de sentir e vivenciar a felicidade e o prazer aumenta e se espiritualiza. Fase a fase, o jogador adquire ferramentas valiosas para avançar com maior rapidez e eficiência na arte de ser feliz e de felicitar, pois como ser feliz entre não felizes? Pela dor ou pelo amor? A escolha flui de acordo com o momento evolutivo. Cada um entende e desempenha seu papel segundo os atributos já conquistados.

É preciso ampliar a consciência para aprender a ser feliz de verdade.

Na arena da evolução, porém, desde que começamos a evoluir, as dificuldades em cada fase do game do amor aumentaram.

Em nossa época, qualquer descuido poderá ser fatal: as armadilhas são cada vez mais sutis e perigosas para aqueles cuja consciência ainda estiver estacionada em níveis primários da compreensão.

Namorar ou "ficar"?

Eis a questão.

Segundo os valores que comandam as relações entre homens e mulheres nos dias de hoje (um pouco diferentes, mas nem tanto, de outras épocas), ao longo da história, de certa forma, sempre "ficamos" antes de começar a namorar. Na realidade, na essência, as modernas relações não diferem muito das antigas. Aparentemente, o que faz a diferença entre namorar e "ficar" é apenas um detalhe chamado compromisso. Pedir em namoro é algo mais solene, envolve um tipo de obrigação. É uma forma de pacto entre duas pessoas que termina por envolver mais gente na relação (a família). Já pedir para "ficar" ou "ficar" sem pedir é uma tentativa de relacionamento ou mesmo um passatempo sem o compromisso solene, sem nenhuma obrigação. Qualquer coisa que não dê certo na tentativa, basta um adeus, um até nunca mais, sem comprometimento. Será?

Imaginar que as pessoas são descartáveis é uma das muitas armadilhas deste game, no qual os jogadores em idade primária da consciência (principiantes) criam muitos embaraços ao seu destino e ao dos outros, o que apresentaremos de forma gradativa ao longo dos nossos jogos de amor.

Atenção

Cada fase do desmanche de paradigmas comporta situações peculiares. Tomemos como exemplo a fé. Basta acreditar simplesmente? Não. Para superar cada etapa, é preciso: querer, saber, lutar, persistir e nunca desistir de tentar entender melhor a vida. Não por alguém, mas por si – enquanto não estamos em paz com nós mesmos, esqueçamos de querer propiciar isso aos outros.

Destruir mitos

Nada nos fará felizes enquanto não abrirmos as portas da felicidade a nós mesmos.

Durante os primeiros anos de vida, imaginamos que o amor de nossa mãe seja exclusivamente nosso, daí que uma das tarefas do game é renascer, recriar, transformar pensamentos, emoções e atitudes. Queda após queda, reencarnação após reencarnação, levantamo-nos mais fortalecidos, desde que trabalhemos. E a cada renascimento, que acontece tanto no tempo quanto no espaço, criamos a possibilidade de avançar, aprender novas jogadas e fazer escolhas adequadas. Após cada fase superada, ganhamos mais bônus para continuar no game. Por exemplo: quando na maior parte do tempo vemos e sentimos nossos familiares ou amores como causa e efeito de nossas dores, é melhor reciclar nossos conceitos sobre a origem das dificuldades para seguir adiante.

Alerta

Aprender pela dor é atitude de quem habita COBAIA. Deixar de ser do mundo de COBAIA quando já é possível é requisito mínimo para seguir adiante no jogo.

Sugestão

Não há fusão entre as pessoas, apenas compartilhamento.

Momento de reflexão

Nosso ego é nosso limite e uma das arenas do game. Evoluir é abrir suas portas a tudo o que nos é agradável e a tudo o que não nos é agradável para desenvolvermos nossas experiências. Neste jogo, o medo é a trava do ego. Não podemos viver nem assimilar as vivências dos outros. Isso não é realidade, e viver fora dela pode nos trazer: insegurança, falta de posicionamento, carência de energia, falta de maturidade, pobreza de raciocínio lógico, medo, preguiça, ansiedade, nostalgia crônica, dependência, hipertrofia ou obesidade do ego, fuga de novos conhecimentos, medo do desconhecido.

Libertar e libertar-se

Os paradigmas atuais a respeito de amor nos aprisionam e nos tornam reféns uns dos outros.

Perigo: Quem diz "Preciso de você!", "Não vivo sem você!" e outras afirmações semelhantes vai sugar suas energias. Se o amigo vive uma situação dessas, melhor se vacinar (pensar melhor) ou cair fora. Fique tranqüilo: pensar não dói. Usar a inteligência para evitar aborrecimentos futuros não faz mal a ninguém, pois após alguns – não muito longos – anos, esses mesmos que expressavam sua dependência com palavras melosas as substituem por outras mais azedas: "Essa criatura não me dá folga! Não vejo a hora de me livrar dela!".

Público-alvo

Todos, sem distinção, preferencialmente os jovens de qualquer idade.

Programa livre

Não há limite de idade para começar nem para terminar.

Podemos batalhar pela evolução em qualquer idade e em qualquer circunstância.

Entretanto, o game é mais aconselhável para aqueles que se encontram após a puberdade, quando assumem de fato a existência com responsabilidade plena. Antes disso, é melhor apenas observar os outros jogando ou começar a praticar as fases iniciais da arte do amor para tentar aprender a não cair em armadilhas. Mas há pessoas que esperam tempo demais, observam a vida toda e não se aventuram a jogar, talvez por medo de perder ou de ficar constrangidas. Esse engano é grave, pois ninguém se forma nesta escola sem aprender as primeiras fases deste RPG. Diz um sábio ditado: "Se tiver dúvida, não faça nada; mas não se torne um nada".

Liberado para todas as idades

Não importa a nossa, hoje.

A idade cronológica nem sempre corresponde à psicológica. Corpo de setenta com cabeça de sete é mais comum do que imaginamos. Claro que, neste game, o foco principal é o jovem.

Muitas pessoas começam de fato a jogar na maturidade, terceira idade ou quarta; outras estão recomeçando com novos parceiros...

Uma das armadilhas

Na linguagem das competições esportivas, "gatos" são os que falseiam a idade para levar vantagem sobre os concorrentes.

Muitos jogadores de idade mais avançada tentam infiltrar-se entre os mais jovens e menos experientes para levar vantagem. Quase sempre se dão mal, pois um dia são apanhados em flagrante pela Lei de Causa e Efeito.

ONDE O JOGO SE DESENVOLVE

Onde é o jogo? Na realidade ou na imaginação que pode materializar-se?

Este RPG é jogado no tabuleiro das emoções, sentimentos e atitudes. Também se desenrola em faixas de dimensões diferentes, pois jogamos em diversos níveis de realidade: física, extrafísica ou virtual. Como distinguir realidade de ilusão? O que é um amor secreto? Uma paixão não correspondida? Como distinguir uma dimensão da outra? Resposta: tentando viver de forma consciente. Vivemos tão anestesiados como se estivéssemos numa falsa realidade. A realidade virtual existe em nossa imaginação. Daí que, sujeitos a esses paradigmas, inventamos dificuldades e soluções tais como: "Será que essa pessoa me ama?", "Como saber se eu amo de fato?"

OPÇÕES

O botão MENU oferece a possibilidade de início de jogo no mundo onde se vive o presente e as pessoas pensam chamado REALIDADE ou num mundo imaginário chamado MITOLÂNDIA (mundo virtual onde predominam as crendices, mitos, superstições). MULA é outro mundo onde os jogadores mais primários costumam se perder pela teimosia. COBAIA é um dos satélites que giram em torno de MITOLÂNDIA, sua atmosfera faz com que os que lá vivem sintam-se mais espertos que todos os seres do universo. ESPERTOS é um mundo imaginário que influencia o sistema de crenças de parte dos que vivem em MITOLÂNDIA e de quase todos os habitantes de COBAIA, que adoram imaginá-lo como seu mundo de origem.

ESPÍRITOS é o Sol central do universo e comanda todas as ocorrências – algumas tribos de MULA não acreditam na sua existência.

Sugestão

Um Mestre do LOVE GAME nos deixou uma sugestão fantástica: "Somente a verdade vos libertará"... A Verdade é a realidade, e a ilusão a não-verdade...

Manual do usuário

Para começar, este é um game que não requer prática nem habilidades. Apenas instintos bem conservados, inteligência, criatividade e um mínimo de afetividade. Igual aos outros que fazem parte do grande jogo da vida, este, como todo RPG, é interminável, apenas as fases se sucedem em grau de dificuldade, de acordo com os detalhes da evolução de cada jogador e de seus parceiros.

Como em qualquer situação, aprende-se fazendo – no caso, jogando. Mas, diz o bom senso que, antes de iniciarmos algo, é interessante ler o manual de explicações do fabricante e dos participantes para aprender com eficiência a evitar quebras, atrasos e estragos no programa.

NÚMERO DE JOGADORES

Para dar início, é preciso dois jogadores. Esse detalhe é básico. É impossível jogar só. Não se pode amar apenas a si mesmo. Claro que esse é o primeiro e mais importante passo:

aprender a amar a si mesmo; caso contrário, para que arrumar a outra metade da laranja? Arrumar mais uma azeda encrenca? De cara, logo surge uma armadilha: se permanecemos apenas nisso e não avançamos, essa postura traz alguns dos monstrinhos devoradores: dor, egoísmo, orgulho, estagnação, que podem nos tirar a sobrevida na busca da felicidade. E quando imaginamos ter avançado já um bom pedaço, encontramo-nos de novo na estaca zero: GAME OVER. Não adianta chorar nem esbravejar, basta apenas apertar a tecla: RECOMEÇAR.

Quem hoje ainda cai nessa armadilha é um "joão-ninguém" que não seguiu as recomendações de um dos maiores Mestres neste jogo, que já andou por estas bandas do universo. Ele, como muitos outros jogadores habilitados, deu-nos uma tremenda dica: "Amar a Deus e ao próximo como a ti mesmo" (será deixa ou regra?). O esperado, para os dias atuais, é que tivéssemos superado essa fase, pois hoje, mais que ontem, temos consciência de sermos criaturas conectadas umas às outras. Estamos aprendendo a nos amar. Essa é uma das principais razões de nossa existência. Para amar verdadeiramente, porém, dependemos uns dos outros.

Regras

A capacidade de inteligência desenvolvida (uma das ferramentas principais) e de definir metas é que determinará o grau da liberdade de escolher e de intervir no destino das outras pessoas (regras pessoais). Dessa forma, quem costuma se deixar levar pelos embalos da vida acaba sofrendo os efeitos das escolhas pouco sábias, na inexorável lei de retorno, aprendendo a suportar as "malas-sem-alça da vida" até que a vivência amorosa se instale. Às vezes, suportar esses efeitos é pior do que o malfadado: GAME OVER. Quem não se lembra de um "tapinha nas costas": Vá em frente! A vida continua! Um dia você consegue! Se precisar, pode contar comigo! Um dia você aprende! Há um ditado fantástico que diz o seguinte: "melhor consolar do que ser consolado"...

Iniciação

Aprender a dar início ao jogo é regra básica. Conhecer alguns passos iniciais é uma boa idéia. Mas a prática é tudo, pois sob a supervisão do tempo e do concurso do conhecimento, da revisão dos enganos e do trabalho nós nos tornamos exímios jogadores deste RPG.

Comandos iniciais

Menu: conjunto de opções para que o jogador escolha o formato, os participantes, o local da arena onde se dará o GAME e o grau de dificuldade. Como em todo jogo de RPG, no decorrer das tentativas de jogar, novas regras e dicas surgem a cada fase. Neste, as dicas transformam-se em regras e vice-versa, dependendo da vontade e do conhecimento de cada participante.

Enter: devidamente preparados: acionados os comandos e conhecedores dos objetivos a serem alcançados, podemos recomeçar.

Play: uma vez escolhido o personagem que iremos viver e definidos os objetivos podemos dar início à partida. Uma vez iniciado o game, não há como voltar atrás; qualquer movimento feito gera efeitos em todos os sentidos. Sempre que estivermos em dúvida, o ideal será esperar antes de apertar o PLAY.

Pause: dizem alguns jogadores de ponta que um dos segredos para vencer neste game é saber usar o recurso do PAUSE. Dar-se um tempo para pensar, recordar as regras, refazer os objetivos antes de continuar é vital para um bom desempenho. Alguns clubes de jogadores apelidaram esse recurso de meditação, reflexão.

Ajuda: sempre que estivermos em dificuldade para escolher opções basta apertar a tecla PAUSE seguida da tecla AJUDA. É permitido que consultemos nossos companheiros e conselheiros de game; quem se arrisca só costuma dar-se mal. Grandes jogadores costumam escolher bem seus mestres.

Armadilhas: exercitar o pensar para educar as emoções, aprender a discernir e escolher melhor são algumas das metas do game; daí, inocentes situações numa fase tornam-se perigosas armadilhas nas seguintes. Quando jogamos distraídos, caímos em pegadinhas básicas e banais; essa é a especialidade dos que vivem jogando no sistema de COBAIA. No decorrer do jogo, destacaremos algumas bem comuns e outras mais sofisticadas ou modernas.

Bônus: pensamentos, sentimentos e atitudes aparentemente normais para alguns, para outros podem tornar-se energia adicional para sobreviver no game. Por exemplo: um sorriso, quando o esperado na fase em andamento seria uma carranca ou um gesto brusco e agressivo; manter-se em atitude neutra, quando a maior parte dos jogadores parte para a vingança... Para que continuemos vivos no jogo, é preciso não apenas escapar das armadilhas, mas também capturar bonificações.

Encantos especiais: na conquista dos objetivos, é possível escolher botões para serem acionados durante o game que nos permitam acelerar os resultados, seja para obter sobrevida ou para neutralizar os adversários. Mas esses poderes tanto podem agir a nosso favor quanto transformarem-se em ferramentas para os inimigos da nossa paz.

FORA! – Quando em perigo, aperte o PAUSE e chame o amigo FORA! Esse pequeno e divertido guerreiro dá um "esparramo" e assusta os inimigos por um tempo – apenas por um tempo, pois ele é da paz...

Atalhos: jogadores apressados costumam usar muito essa tecla e costumam sair do LOVE GAME para a guerra com muita freqüência. E no jogo da guerra amorosa sempre saem derrotados e com pendências para resolver no tribunal da consciência.

Game over: sempre que não seguirmos as regras do jogo – ou não formos capazes de seguir adiante na fase em que jogamos – aparecerá na tela do consciente a mensagem avisando que o jogo acabou e que devemos nos preparar para recomeçar, quando quisermos ou quando for nossa vez, pois nem sempre querer é poder; acima de tudo, é preciso saber querer. É bem o perfil do jogador da MITOLÂNDIA achar que é o centro do universo.

Delete: neste jogo, as opções erradas apenas podem ser substituídas por outras mais corretas, sem limite.

Lixeira: descartar todas as opções inadequadas é possível e necessário.

Efeito espelho: quando quiser visualizar seu grande ego aperte o PAUSE seguido desta tecla e faça um sério exame na sua consciência. Se deixar de fazê-lo, corre o risco de toda a trama do game desenvolver-se no mundo da MITOLÂNDIA ou no planeta MULA. A vida na atmosfera desse planeta é muito estranha; o ser que lá habita pensa uma coisa, diz outra e age de forma completamente estranha ao que imagina; enfim é um planeta onde todos querem ser felizes, mas fazem tudo para não o ser.

Sugestão: jogadores de bom desempenho costumam criar um ARQUIVO onde todas as jogadas e seus efeitos são anotados para posterior estudo. A maioria recomenda um caderno onde se anote tudo; no PC (pequeno cérebro), boa parte das informações se perde.

Escudo de proteção: cada tipo de pensamento potencializado pelo sentir e fixado pela atitude cria um campo de força negativo ou positivo. O bem pensar e o bem sentir (em consenso com a lei de amor ou equilíbrio) criam um inexpugnável campo de força capaz de nos proteger dos inimigos de nossa paz e felicidade. Um grande Mestre nos legou uma dica a respeito: "Vigia e ora".

Quer jogar de novo?

Passou pela experiência do GAME OVER?
Quer jogar novamente?

Habilite-se.

Não basta apertar a tecla ENTER seguida do PLAY, é preciso saber jogar para não criar problemas complicados que levará para as próximas fases. Não é possível desprezar os resultados das jogadas anteriores; é impossível recomeçar do zero – guarde bem isso.

Neste game não há iniciantes.

Somos antigos jogadores, e todas as nossas jogadas estão arquivadas no computador universal e no nosso arquivo pessoal chamado DNA. Recomeçar sem preparo é condenar-se a sofrer na fila de espera; demorar demais para recomeçar é a mesma coisa. Melhor aproveitar os intervalos para, com os colegas mais velhos e sábios, prepararmos melhor as estratégias e refazer alianças, pois em um game onde há vencidos e derrotados não há vencedores; nada como trocar experiências para que todos superem as fases para as quais estão capacitados.

Prestar atenção a tudo é de grande valia. Avaliar as dicas pode evitar que caiamos em pegadinhas bobas e, além disso, ficamos espertos para conseguir bônus onde os mais distraídos marcam bobeira. A promessa e a perspectiva de ser feliz podem ser evasivas e escorregadias.

Neste game, quem se aventura apenas para se aventurar sem preparo, normalmente não encontra sua cara-metade: tromba com ela e daí todos podem sair mais ou menos feridos...

Sugestões para avançar de fase

Estamos jogando esse game há incontáveis milênios.

Poucos são os que atingiram esta fase: o Terceiro Milênio ou Nova Era.

Motivos?

Não lemos o manual de instrução... Entretidos com os prazeres de cada época e submissos aos paradigmas e padrões ditados por interesses e vontades alheias, ignoramos coisas para lá de básicas neste RPG, tais como:

Aprender as diferenças entre homens e mulheres.

Quando o homem tenta analisar o perfil psicológico de uma mulher e como ela reagiria a uma determinada situação, o faz como se ela pensasse, sentisse e agisse como um homem e vice-versa. O perfil psicológico e o padrão de atitudes de um e de outro são polaridades diferentes, complementares; e saber diferenciar um do outro pode facilitar a nossa convivência e a vida afetiva.

Como explicar as diferenças?

Há várias teorias e até manuais sobre o assunto, mas a forma que nos interessa colocar na vitrine é a da energia gerada e emitida pelo ato de pensar e de sentir. Nosso pensamento irradia ondas eletromagnéticas. Podemos nos comparar a uma estação de rádio que irradia ondas e recebe de retorno. As ondas a nós retornam. As emoções as amplificam e o corpo físico funciona como um filtro separando-as.

As irradiações femininas trazem de volta para serem analisadas emoções e sentimentos. Como utiliza muito mais o hemisfério cerebral direito do que o homem, para que consiga o equilíbrio, a mulher deve estar sempre ligada para racionalizar todas as emoções. As irradiações masculinas trazem de volta uma racionalidade predominante. Para o homem, tudo deve ser lógico, prático; portanto, ele deve sensibilizar a razão para não se tornar déspota ou tirano, em especial na vida em família e no trabalho.

Um exemplo desse descuido: a mulher cortou o cabelo, mudou o visual, produziu-se, mas o homem nem percebeu esses detalhes – o que torna a situação um foco de brigas, desavenças, "quebra de clima", mágoas, cenas de ciúmes, ressentimentos, vinganças. Se tivesse conhecimento de que a visão de mundo do homem não capta tantos detalhes quanto ela, a situação seria contornada sem maiores cenas.

Algumas já vacinadas neste RPG, logo perguntam: "Gostou do meu cabelo novo?" Claro que a diferença entre os sexos não pode servir como desculpa nem justificativa, pois o homem deve estar sempre atento às necessidades femininas e a recíproca também é verdadeira. É preciso usar a atitude de se colocar no lugar do outro ao analisarmos o comportamento alheio. Adotar esse padrão de atitude é obrigação de quem deseja aprender a amar e não apenas fazer um favor a outra pessoa; dá-se a essa postura o nome de empatia.

AVALIAR OS DESEJOS

Antes de dar início ao game – mesmo antes de escolher o parceiro para depois apertar os botões ENTER e PLAY é urgente questionar:

O que quero sentir?

O que a outra pessoa sentirá com o meu sentir?

Quem e o que importa?

Quem é meu parceiro neste game?

Quais seus desejos?

A que aspira?

Quais suas pretensões?

Quem deseja aprofundar relações deve ter plena consciência do que deseja para si e para o outro; apenas sair jogando cria tantos embaraços nas relações, que faz até com que alguns desistam do jogo, desiludidos.

Pode parecer uma afirmação banal, mas não é, disfarçamos as verdadeiras intenções até de nós mesmos e, de tanto fazer isso, costumamos não distinguir mais as primeiras, das segundas, terceiras.

Para evitar a indiferença em relação a um assunto tão sério, uma sugestão é observar nossa postura corporal e a dos outros quando interagimos, pois o corpo costuma "dedar" quando estamos tentando enganar tanto a nós mesmos quanto aos outros. Principalmente na variante jogada em MULA ou na MITOLÂNDIA, nossas palavras não costumam condizer com nossas vibrações mentais.

Os que hoje se sentem mal amados devem tentar rever seus desejos originais no início da relação, com isenção e honestidade. Na dúvida, é melhor apertar o PAUSE, rever o manual de instruções e, se for o caso, pedir ajuda.

Aviso

Esta fase do jogo é tão importante que será detalhada mais adiante.

Buscar transparência

O impulso em busca do prazer próprio – disfarçado de amor ao outro – cria uma série de experiências frustrantes que, enquanto não admitidas, mantêm-nos em sofrimento.

A outra face da busca do prazer, porém, não pode ser esquecida...

Quando a intenção na busca do parceiro ideal é aprofundar a relação, numa troca de experiências contínua, a transparência deve ser buscada sem descanso para que ninguém espere do outro o que ele é incapaz ainda de oferecer. Isso sempre foi básico e primário, mas hoje é essencial para quem quiser sair do estágio de consciência primitiva para média ou mais evoluída, pois o desejo também é a base da compaixão e do amor, além de condição absoluta para estar em paz. O próprio desejo de agradar carrega uma inteligência que, quando liberta da preocupação com nosso ego, repercute na experiência afetiva e emocional dos outros.

Em dias tão turbulentos e acelerados como os da atualidade, nossas máscaras vão cair aos montes e ficaremos cada dia mais "pelados nas emoções, nas intenções" e espantados tanto conosco quanto uns com os outros; se não buscarmos adequar o ser ao parecer por vontade própria, não conseguiremos pessoas para compartilhar nossa vida nem por horas, quanto mais pela vida inteira. Afetividade da boca para fora não cola mais; quem quiser companhia de verdade e vida afetiva saudável terá de provar no dia-a-dia, lavando a roupa suja na intimidade e ralando na reforma íntima para afastar alguns monstrinhos: o orgulho, a vaidade, a intolerância, a prepotência...

Como nos veremos no espelho da consciência?

De que forma nós seremos vistos?

Aperte o botão: EFEITO ESPELHO.

Já passou da hora de questionarmos a percepção de nós mesmos – é hora de brincar de colecionar opiniões alheias a nosso respeito, de forma divertida e flexível, porém honesta: Como somos vistos no dia seguinte? Como segurar a onda?

Sugestão

Se eu tive uma noitada fantástica, mas a outra parte não responde às ligações, não liga de volta ou "some do mapa", o melhor a fazer é fechar temporariamente para balanço e analisar, refletir, criticar a mim mesmo, sem cair na armadilha da culpa e do remorso.

"Onde foi que eu errei", devemos nos preocupar em perguntar a nós mesmos. Responder vai exigir reflexão e autocrítica.

Conquistar a independência

Amar é compartilhar; nunca seremos capazes de fazê-lo sem independência.

O amor, na sua pureza, não obedece a leis nem a convenções humanas.

Alerta

É bom reavaliar seus conceitos, pois pode estar jogando na variante de MITOLÂNDIA e se dar mal.

Cuidado

Você pode estar jogando no sistema de COBAIA ao permitir que o outro domine sua vida, tire sua liberdade, e está caminhando rapidamente para o GAME OVER de novo, com "tapinha nas costas" e tudo o que alguém na sua condição tem direito e fez por merecer...

O lema deste país "Independência ou morte!" tem um significado importante em que não reparamos no dia-a-dia: independência representa vida e dependência é quase um tipo de morte. Não devemos abrir mão do direito de escolha.

Eu sou mais eu...

Desde que estejamos conscientes e dotados de razoável bom senso, quando se trata de nossa vida, até certo ponto somos soberanos sobre a liberdade de escolher com quem vamos ficar e de arcar com a responsabilidade sobre os futuros efeitos dessa interação. No entanto, aprender a ouvir o que os outros (a torcida, o técnico e os palpiteiros) têm a dizer pode ajudar e muito; claro que a recíproca é verdadeira, pois quem abre mão do direito de decidir e de escolher e apenas caminha no roteiro traçado por outras mentes, vai ter de pagar a conta quando cair para as divisões inferiores.

Conversa ao pé do ouvido

Dê um PAUSE para entender, de fato, o conceito de até certo ponto e reavaliar a lei da relatividade para aprender a dar tempo ao tempo. Percebeu?

Nem sempre ou quase nunca fazemos um mix saboroso das nossas decisões com os conselhos dos outros. É comum que a paixão produza um encantamento que atrapalha o raciocínio; daí que, a opinião de alguém, muitas vezes, pode ser mais útil do que dezenas de nossos achismos.

Enquanto o momento crucial de uma escolha não chega, o melhor a fazer antes de apertarmos as teclas do game é nos preparar para exercer esse nosso irrevogável direito: escolher com consciência a pessoa com quem dividiremos o dia-a-dia. Não devemos abrir mão dele. Devemos nos capacitar a sermos livres para escolher nossas companhias, pois, muitas vezes, com o intuito de nos proteger, os que imaginam nos amar acabam interferindo segundo sua própria forma de ver e de perceber os objetivos do jogo e projetam-se em nós, caso dermos permissão.

Sugestão da hora

Mas o que é escolher com consciência? Usar plenamente a liberdade? Pare para pensar nisso preparando terreno para o decorrer do jogo – especialmente se for um jovem. Você imagina que é o todo-poderoso? Que pode fazer tudo o que quiser sem arcar com as conseqüências?

Separar o joio do trigo dos mais variados interesses das partes envolvidas em nossa vida também é um dos encantos deste jogo.

A galera vai dar palpite não solicitado de todas as formas; então, devemos nos preparar para isso. Mas desprezar a opinião da torcida nunca dá certo, seguir o que ela manda ao pé da risca é pior ainda. Deu para perceber que o melhor crítico de nós somos nós mesmos. Em qualquer jogo, saber antecipar é um dos segredos do sucesso.

Desvendar os limites da solidão

Quem muito escolhe fica sem, diz o ditado. É claro que não vamos passar a vida fazendo isso, mas não devemos ter pressa em aprofundar relações com as pessoas que a vida coloca na nossa frente. Nada a ver com desconfiança; apenas prudência, realismo e honestidade, pois, muitas vezes, nós é que magoamos ou decepcionamos o outro. E isso depois volta a nós feito um bumerangue.

Bônus

Quem entender e praticar esse conceito adquire créditos nas menores situações do dia-a-dia, que lhe darão sobrevida para compensar as pegadinhas em que caímos o tempo todo. Um descuido que pode ser fatal às nossas pretensões: usar a prudência como desculpa para não assumir compromissos. Não devemos ter tanto medo de sermos magoados, mas sim de magoar, de ferir.

Se nos magoamos, depende apenas de nós resolvermos esse drama; porém, se infelicitamos alguém, criamos de certa forma uma dependência do perdão da outra parte. Muito melhor, elegante e inteligente é poder dizer e sentir de fato: "Eu te perdôo, eu te desculpo!", mesmo que seja algo mais ou menos de má vontade, como: "Desta vez passa!", ainda é válido (claro que para cada caso a pontuação é diferente).

Alerta

Quem curtir a sensação e o alívio de ser perdoado, desculpado, confortado, está jogando no sistema de COBAIA.

Bônus inesperado

Sejamos tão úteis e interessantes que, milhares de criaturas sempre estarão à nossa volta como moscas em torno do açúcar ou como mariposas em torno da luz. Quem tem medo da solidão, por sua vez, está a necessitar de reflexão e de mudanças na sua postura. Capturar esse crédito pode representar chances de sobrevida além da imaginação...

Os efeitos dos desejos

Todos nós, sem exceção, queremos ser felizes e não sofrer.

Quando abandonamos a fase selvagem, natural; passamos a nos "achar", até imaginamos ter vindo direto de ESPERTOS para cá; procuramos perenizar o prazer e criamos esquemas elaborados para evitar experiências dolorosas. Apenas para ilustrar: se droga trouxesse sensações ruins ou amargas na hora, naquele infeliz momento do embalo, ninguém usaria. Muito menos ficaria viciado. "Droga: tô fora!": essa é a atitude de "gente cabeça"; pois, embora pouco inteligentes, não somos tão burros assim; minutos de prazer podem custar séculos de sofrimentos.

Pegadinha

Uma das ironias da vida: nossos próprios desejos de prazer, se mal elaborados, subordinados a intenções egoístas ou tentativas de fugir das lutas da vida, podem resultar em sofrimentos bilaterais, atraindo um inimigo disfarçado de "colega da hora": a insatisfação permanente. Apesar de tudo o que temos, queremos algo mais ou diferente. Quando temos o que queremos, acabamos jogando fora, pois decidimos que não era bem isso o objeto de nossos desejos. Será que são realmente nossos? Onde está a origem dessa droga de contradições tão infantis? Provavelmente na eterna insatisfação fruto da educação formal advinda da cultura milenar de nossos primitivos ancestrais que ainda estão vivos na MITOLÂNDIA.

Alerta de perigo

A partir desse deslize – a eterna insatisfação negativa – transmutamo-nos num perigoso inimigo a nos espreitar;

criamos a insatisfação crônica, um perigoso monstrinho devorador da paz e da felicidade de qualquer atleta deste game.

Haverá remédio?

Onde estão os bônus que compensam as quedas nas armadilhas?

Atentos, conseguiremos nos vacinar a tempo e, para isso, basta reformar o atual sistema e aprender e treinar a simplicidade: o precisar de muito pouco ou quase nada que venha de fora da nossa intimidade.

Algo do tipo:

Aprender a dar adeus às ilusões.

A árvore da ilusão sempre dá maus frutos.

Uma das armadilhas que mais levam ao GAME OVER são os vampiros disfarçados de criaturas dos nossos sonhos: princesas e príncipes encantados que nos levarão a morar no reino do faz-de-conta para sempre...

Confundir realidade com amargura é próprio de quem se submete a escolhas dos outros, pensa pouco e vive no mundo da fantasia: é preciso estudar a verdade nos relacionamentos com as pessoas com quem convivemos para aprender a viver com os dois pés fincados no mundo da REALIDADE – até porque dói menos aprender com os enganos dos outros do que com os nossos.

Sugestão

Plugue-se no seu Mestre ou no seu instrutor. Na dúvida chame o FORA!

A pressão das coisas do mundo sobre nossas necessidades fisiológicas sempre tende a tolher nosso raciocínio lógico e crítico.

Sugestão especial

Deixe de ser lixeira das escolhas erradas dos outros, reciclável ou não... No ato de ficar, aparentemente tudo é muito simples, descartável até; mas nossas relações não são tão simplórias, do tipo usa e joga fora. Até para a "geração camisinha" as interações afetivas, mesmo que rápidas e não duradouras, podem ser "profundas", marcantes. Nesse jogo, alguns segundos de prazer podem render encrencas das boas; basta que um espermatozóide desobediente encontre um óvulo pela frente e uma surpresa pode acontecer...

Essa é uma das armadilhas mais complicadas para resolvermos. Um descuido de minutos pode criar encrencas para nossos interesses de momento a se perderem no conceito de tempo e de espaço, pois o que para um pode representar um passatempo, para a outra pessoa envolvida numa relação pode atingir forte e profundamente seu campo emocional e definir os rumos da sua vida, determinar seu destino.

Essa talvez seja a armadilha mais fácil em que caímos e depois a mais complicada para atingirmos o inevitável e feliz desfecho.

Oferta de bônus

Mesmo sendo um divertido jogo, em se tratando de afeto, vale a pena conferir que saber e responsabilidade se completam.

A quem muito for dado...

A relativa liberdade do chamado "amor moderno" criou uma liberação sexual precoce, que pode tornar-se uma armadilha à paz e à felicidade futura. E não se trata de simples limites impostos pelas doenças sexualmente transmissíveis; o problema da obsessão e das correções genéticas futuras é muito mais grave e complicado. Hoje, a velocidade com que novos conhecimentos surgem nos obriga a prestar atenção a detalhes que antes podiam passar despercebidos, pois não causavam muitos danos e problemas à nossa intimidade ou à nossa vida social e familiar. A "modernidade" trouxe consigo outra dificuldade nada desprezível: a aceleração das experiências. Basta observar os "caídos da vida" neste RPG, que se apresentam com a "cabeça rachada" pela traição, desalento, depressão, angústia existencial, pânico, estresse, cansaço crônico etc.

Pause

A cada dia, as relações afetivas parecem mais complexas. Será? Quem complicou o quê? A sensação de felicidade mudou? Parece que não, pois na essência tudo permanece como antes: homens e mulheres vão continuar na ânsia desenfreada de satisfazer suas necessidades, completar-se a cada dia. Uma diferença é que hoje somos mais pressionados e intimidados pela deusa MÍDIA, que altera a todo instante o sistema de crenças e de valores na relação entre as pessoas. Na verdade, o jogo continua o mesmo, apenas a forma de jogar é que muda segundo os interesses do momento de quem detém o poder da informação e o manipula. Apesar das novidades e da tecnologia de hoje, tudo o que ocorre na nossa vida afetiva e emocional continua como sempre foi.

Os objetivos finais a serem atingidos continuam os mesmos.

Sugestão

Quando nos referimos à rapidez com que as coisas ocorrem hoje, pode parecer algo apenas relacionado com a percepção da passagem do tempo em virtude de fazermos muitas coisas simultaneamente. Para que fique mais claro, porém, assista a um vídeo de futebol, vôlei, basquete, tênis, corridas, natação; os tempos considerados recordes mudaram muito e continuam mudando – quando pensamos que uma marca não será batida nunca mais, pouco tempo depois ela já foi para o arquivo.

Pause

Neste game, várias destas regras/dicas são de tal importância, e tão esquecidas, que serão alvo de mais considerações nos próximos capítulos e ao longo dos desdobramentos desta conversa.

Para os jogadores ainda pobres em experiência e dotados de um estado de consciência primário, causa enfado tantas recomendações e alertas antes do que eles mais esperam: a receita para serem felizes e realizados.

Para os mais apressados, pedimos que respondam a algumas questões básicas antes de prosseguirmos:

Quantas pessoas felizes de verdade vocês conhecem?

Será que a capacidade de amar pode ser definida como a de superar dificuldades contentando-se com o momento presente?

Como medir a felicidade?

Sugestão: precisa de ajuda?

Siga o roteiro.

Converse com os amigos.

Reflita.

Primeiro intervalo obrigatório

*É hora de trocar idéias a respeito das fases iniciais.
Momento de parar para pensar – meditação – reflexão –
introversão e até necessidades fisiológicas...*

Cada escola de pensamento dá o nome que bem entender a uma das leis de progresso que um dos maiores Mestres nesta arte do game do amor nos legou, numa linguagem simples e prática: "Vigia e ora...".

"Vigia" sinaliza: preste atenção – fique esperto – os inimigos e as armadilhas no jogo estão à espreita. Uma das dicas mais interessantes que Ele nos legou foi a de não destruirmos os inimigos; devemos apenas jogar com eles, combatê-los; num bom combate, em que vença o melhor, o mais preparado para seguir adiante segundo as leis do fabricante e Criador, afinal tudo e todos fazemos parte de um plano maior.

"Ora" – o ato de orar nos remete a tentarmos manter um padrão vibratório de desejos e atitudes em coerência com as leis naturais. Sugestão:

O que é vencer?

Quem é o melhor? Ninguém.

Qual o objetivo? Felicitar o outro.

Estar em paz na intimidade é requisito essencial para ser compartilhado com as outras pessoas...

Chega mais

Vivemos imersos num mar de energias. Conduzidos por pensamentos, sentimentos e atitudes, as pessoas agrupam-se por sintonia de padrão vibratório, tal e qual cabos invisíveis de fibras óticas – verdadeiras estradas por onde transitamos.

Sugestão

Busque a turma com a qual tenha afinidade. Saiba escolher o melhor parceiro e o mais adequado Mestre para cada fase do jogo.

Cuidado com as experiências afetivas e psicológicas da hora.

Lembra do conceito de RPG? Este é o jogo mais antigo e fascinante que conhecemos. Um game que jogamos há milhares de anos e que poucos dominam, pois nele não pode haver vencidos, apenas vencedores.

Há muitas fases e regras. Para dar um exemplo, citaremos algumas:

A fase de compartilhar, dividir, aceitar, cuidar, respeitar, sentir prazer, alegrar e alegrar-se com a alegria do outro.

A fase de aceitar o outro como ele é, sem tentar modificá-lo.

A fase de libertar, de perdoar sem impor condições.

A fase de nada esperar para si, de apenas doar o que de melhor dispõe para o outro.

A fase de trabalhar em favor dos que nos ofenderam, traíram, caluniaram...

Algumas que ainda desconhecemos; cada uma dessas fases comporta em si as anteriores.

Embora não tenhamos percebido, já estamos jogando. Então, vale a pena tentar identificar a fase do jogo em que nos encontramos para que possamos reformar nossa posição, caso seja nossa vontade.

No jogo de aprender a amar, todos devem ganhar e ninguém pode perder.

Na fase primária da lei de justiça, valia o "olho por olho, dente por dente". Os que se sentiram lesados têm a chance da revanche, de dar o troco, até que aprendam a dominar essa fase da arte de amar sem impor condições, caso contrário, apenas mudam de posição na jogada seguinte: de algozes passam a vítimas, de caçadores a caça – e tome GAME OVER um atrás do outro. Em COBAIA essa atitude é quase regra geral.

SUGESTÃO

Essa é uma fase muito interessante a ser superada; cuidado com ela. Sair do LOVE GAME para a guerra é fácil, fácil. Mas se encaramos o game como uma guerra, é como detonar uma bomba nuclear, começar uma batalha na qual ninguém ganha e todos perdem; nessas condições, esse é um jogo sem vencedores. Lembre-se da deixa do Mestre que nos sinalizou que o perdão é uma das atitudes mais inteligentes a ser praticada.

COMO CONQUISTAR A TORCIDA

Desdenhar o efeito da energia gerada pela torcida em qualquer tipo de jogo é condenar-se ao GAME OVER, com consolos e cobranças.

Este é um game interativo. Se resolvermos nos tornar um jogador solitário, o resultado será cada vez mais rápido e ouviremos: "Cai fora! Dá lugar para outro! Nerd! Cobaia!"

Nossas qualidades pessoais como jogadores determinarão a qualidade de nosso fã-clube.

Há os que se especializam como jogadores *bad boys* ou "animais" como gostam de ser chamados e cujo fã-clube é rotulado segundo as características do linguajar da sociedade onde vivem: vamos chamá-los de obsessores...

DE BOAS INTENÇÕES...

Entre nossa torcida, temos os que podemos chamar de "corneteiros": são pessoas que apenas nos incomodam sem a intenção de prejudicar, apenas projetam suas neuroses e decepções em nós o tempo todo, apenas para externar sua própria falta de competência. Na vida real, são os conselheiros que se manifestam, embora não solicitados, a nos dizer o que é o melhor para nós; encontramos essa turma principalmente no meio familiar e nas religiões; todos se imaginam os melhores técnicos quando se trata da vida do próximo, esquecendo da própria.

Mas como ninguém é de ferro nem sabichão no game, por outro lado, os que optaram por seguir as leis do jogo e cumprir as regras, criam em torno de si um fã-clube que podemos chamar de experientes jogadores, nossos ídolos ou anjos de guarda, mentores – "gente fina" que nos ajuda de fato, sem segundas nem terceiras intenções.

A importância do técnico

Será que para jogar o game do amor precisamos de técnico?

O que representa um anjo da guarda, protetor ou mentor? A princípio, é uma pessoa que conhece as regras e a dinâmica do jogo e que está apto a orientar os jogadores e a coordenar uma equipe, determinando treinamento, táticas e estratégias para alcançar a vitória. Cada time ou jogador tem o técnico que merece ou que escolheu?

A lei de sintonia está impressa na placa do DNA espiritual do jogador desde o começo do game, mas claro que ela pode e deve ser mudada.

Sugestão

Diante dos nossos erros, não culpemos o técnico, os corneteiros ou a torcida, pois a decisão de jogar ou não, de fazer "corpo mole" ou "dar o sangue" é do jogador.

Em time que está ganhando não se mexe? Quem disse?

Boa parte dos GAME OVER nas relações amorosas decorrem da acomodação. Em todo e qualquer momento de nossa vida, é preciso parar para pensar e depois decidir se inovamos ou continuamos com as mesmas táticas, técnicos, conselheiros e fãs; ou se nos reciclamos ou buscamos novos atrativos para acrescentar mais luz e colorido à nossa vida.

Com que freqüência executar esse PAUSE? Diariamente ou a cada nova situação que se apresente?

Nem sempre devemos seguir à risca as determinações do técnico; antes precisamos aprender a confiar nele.

Descobrir quando parar e recomeçar é uma arte a ser aprendida com o desenvolver do raciocínio crítico, que conduz a escolhas cada vez mais adequadas ao momento em que cada jogador está posicionado no seu saber, querer e capacidade de atuar.

O papel do cronista

Claro, a opinião do técnico e a do fã-clube são importantes; mas o melhor amigo pode ser o cronista, o crítico, aquele chato que achamos que não vai com a nossa cara e que não tem intenção de nos agradar, pois está do lado de fora do nosso circuito afetivo e emocional; ele apenas assiste ao drama que é jogar um dos jogos mais maravilhosos da arte de viver: o de encontrar a cara-metade, o porto seguro, a partir do qual nos aventuramos na busca da felicidade eterna.

Sugestão

Eles, os críticos, têm tiradas espontâneas, dizendo sem medir as palavras:

"Cara, essa sua namorada é muito feia!"

"Amiga, esse seu namorado é um enganador!"

Devemos aprender a colecionar cada análise crítica de nosso desempenho de forma amorosa e inteligente, principalmente quando estamos cegamente apaixonados. Sem a ajuda desses amigos involuntários, estamos perdidos. Mas pesquisas indicam que os "mui amigos", e não os críticos, são os responsáveis por boa parte do GAME OVER nos relacionamentos – uma contradição a ser resolvida pela inteligência.

Aviso

Talvez um alerta que sirva para todos nós: quando na condição de cronistas da vida alheia, não devemos projetar nas outras pessoas nossa falta de capacidade, pois muitas vezes a crítica espelha inveja. Distinguir entre os comentários recheados de despeito e a intenção de ajudar exige de nós avaliações de longo prazo. Mas não custa nada observar a postura corporal das pessoas ao emitirem suas considerações.

Criar um álbum de opiniões, para colecionar o que dizem de nós ao longo das várias fases do game é uma sugestão excelente e muito produtiva.

Neste game, vale a pena colecionar opiniões para depois resolver o que fazer com elas: acatar, deixar em PAUSE, chamar o FORA! ou descartar.

Quantos caídos pela estrada da vida estariam em situação diferente se tivessem parado para pensar a respeito do que foi dito pelo cronista, amigo ou não, invejoso ou caridoso – tanto faz, pois isso é problema de cada um dos que dão palpite na vida alheia, às vezes sem serem consultados.

Recordando

Aprender a usar o recurso do PAUSE: uma das dicas mais importantes deste RPG é aprender a parar para pensar, traçar uma nova estratégia, reavaliar as metas e definir quem continua como nosso parceiro, técnico ou fã-clube. Parceiros são aqueles que estão ao nosso lado, contribuem para a nossa evolução. Técnico é aquela alma na qual reconhecemos a sabedoria que nos beneficia com seus conselhos, que nos inspira a vencer. Fã-clube são aqueles que torcem por nossa vitória.

Feliz de quem aprende a usar esta tecla do parar para pensar, refletir antes de agir na hora certa, tanto na intimidade quanto nos relacionamentos.

Estudar as intenções das pessoas envolvidas no game: quando aprendemos a dar um tempo, oferecemos a nós mesmos a oportunidade de avaliar nossas intenções nem sempre claras, confrontadas com a das pessoas que participam deste evento.

Poucas querem realmente nos prejudicar: que isso fique bem claro. A atitude negativa dos que conosco compartilham o game é movida apenas por falta de consciência, pela projeção das próprias necessidades e pelo sentimento da inveja, um dos filhotes do egoísmo e do orgulho. Separar as intenções de cada uma das pessoas que conosco dividem o jogo da vida é assunto primordial, e quem aprender a usar os recursos do PAUSE para essa simples tarefa se tornará apto a seguir adiante numa boa, sem perder tempo.

Tomara que estas dicas iniciais sejam suficientes para que cada jogador (leitor) atinja as metas usando seus méritos e aprenda a contar com a ajuda da torcida, dos cronistas e dos técnicos, decidindo de forma positiva o futuro de sua carreira como candidato a atleta na arte de amar.

Alerta

Caso a outra parte tenha pedido um tempo na relação, melhor se preparar para arrumar outro jogador, pois as opções do que está ocorrendo são as seguintes: a pessoa não está mais interessada e não tem coragem de dizer ou arrumou outro colega de game, mas as coisas lá no outro jogo não estão bem definidas e aí ela o "mantém em banho-maria". Lembra da frase popular: "melhor um pássaro na mão do que dois voando"? Quando lhe fizerem essa proposta, fique esperto, pois provavelmente você já era: GAME OVER.

Talvez, quem sabe, em uma situação dessas, a melhor coisa a fazer seja apertar a tecla: DESCARTE ou LIXEIRA.

Primeira fase

A busca do parceiro:
"Com quem será". O poder da atração.

ATRAÇÃO E ESCOLHAS ESTÃO INTERLIGADAS

Quando alguém se sente atraído por outra pessoa há motivos claros para isso, mas também outros difíceis de explicar.

Nos processos de enamoramento há o envolvimento de lembranças, experiências, emoções, pensamentos e associações; também há a liberação de hormônios que exalam odor não perceptível, mas que afeta as conexões dos neurônios e ativa determinadas áreas do cérebro.

No relacionamento masculino e feminino a atração e a escolha estão intimamente ligadas às necessidades e às percepções de cada um e não à tentativa de adivinhar o que o outro espera. Se for esse o caso, chame o FORA! pois é melhor estudar em vez de tentar adivinhar.

Sugestão

O erotismo masculino difere do feminino. O do homem está mais ligado ao campo visual e genital, a imagens e fantasias que se estendem ao sentimentalismo. O da mulher possui uma sensibilidade tátil mais apurada, ligada ao contato com a pele e alimenta-se de estímulos auditivos, como elogios, galanteios e músicas.

Oferta de bônus

Aprenda a sentir a energia das pessoas. Essa ferramenta pode ser exercitada.

Não pense, apenas sinta. Torne-se um detetive de energias. Comece pelo simples: como se sente após interagir com alguém irritado, desconfortável, depressivo, sem energia, cínico, que usa linguagem vulgar, cheio de dúvidas sobre o certo e o errado? Melhor chamar o FORA!. A recíproca também é verdadeira: sentiu-se bem? Vale a pena continuar investigando...

Armadilha

Ignorar a força do desejo.

O poder da atração

Atração e escolha estão sempre interligadas. A conquista acontece numa segunda fase do game.

A força do desejo costuma ser chamada tesão. Poderosa energia mal compreendida quando associada apenas à sexualidade. Sua origem do latim (*tensio, tensionis*) quer dizer: rijeza, tesura, força, intensidade, ímpeto. Controlada pela inteligência, é das mais poderosas na evolução; porém, como toda força de potencial excepcional, tanto pode elevar quanto pode afundar.

Sugestão

A força do tesão deve estar sempre alinhada às leis de amor, caso contrário, torna-se uma poderosa ferramenta de atraso, mais ou menos como a paixão, embora não exista paixão sem um desejo intenso e inexplicável; mas, elas não são a mesma coisa. Como a paixão, a força do tesão nasce e morre, aparece e some; mas pode influenciar as escolhas de forma poderosa.

Algumas formas de matar a força do desejo na relação?

Esperar dos outros o que não fizemos por merecer.

A expectativa é um dos seus grandes carrascos.

Cultivar a dúvida e a desconfiança.

Esconder a verdade com desculpas ou mentir.

Concentrar a razão de viver na tarefa de sentir-se amado em vez de amar.

Criticar.

Permitir-se sentir ciúme.

O dilema das escolhas

Penso, logo escolho.

Mas por que tenho tanto medo do amor?

Quer queiramos ou não, fazemos escolhas o tempo todo e muitas delas nem são percebidas.

Ao optarmos por um caminho, estaremos desistindo de outro.

Ou isto ou aquilo. Ao escolhermos uma pessoa para viver ao nosso lado, temos de abrir mão de outras. Modificá-la é outra história. Todos nós já tivemos de arcar com as conseqüências de uma decisão tomada, tenha sido ela certa ou errada. Sem o entendimento de que, ao optarmos por uma, deixamos outras para trás, não há paz de consciência.

As dúvidas sempre estarão presentes no momento de optar.

Para lidar com elas na hora de decidir é preciso entender os próprios sentimentos e clarear as motivações. É vital elaborar um bom planejamento sobre o que se espera da escolha para diminuir ou evitar os conflitos.

Nem sempre o poder de decidir cabe somente a nós.

Muitas vezes, dependemos das outras pessoas, especialmente na escolha de um relacionamento. Posso decretar que amo alguém? Há de haver sintonia?

Amar sem ser amado é possível? Realiza sonhos? Na primeira fase do game, esse é um dilema e um problema ao mesmo tempo, esclarecido e resolvido passo a passo, experiência a experiência, renúncia após renúncia...

Nossas decisões refletem quem nós somos.

O conhecimento de nós mesmos possibilita o controle das emoções tornando as escolhas mais conscientes e ponderadas.

As escolhas mais difíceis

Decidir entre namorar, ficar, casar, separar, engravidar, mudar de trabalho ou escolher uma profissão mexe com nosso equilíbrio por ser complexo e modificar a vida de muitas pessoas além da nossa.

Avisos

A melhor escolha é a que sabemos que pode ser mudada.

Peça ajuda, chame o FORA! ou seus amigos, mas não transfira a responsabilidade tanto da escolha quanto de seus efeitos.

Exercer o direito de escolha pede responsabilidade e comprometimento.

Toda escolha traz consigo perdas e ganhos.

Para escolher bem, conheça a si mesmo.

Perdoe-se pelas escolhas equivocadas.

Enfrente seus medos que atrapalham suas escolhas.

Se não deu, tente de novo...

Celebre cada dia!

Alerta

Em COBAIA, a moda é deixar que os outros escolham e depois tentar transferir a responsabilidade.

Por que procuro alguém?

Definir as razões da nossa procura amorosa é questão básica.

Dica

Confundimos sintonia com atração. Embora essa seja uma dica mais útil para jogadores mais experimentados, às vezes, iniciantes estão aptos a discernir com facilidade, especialmente os tão mal compreendidos jovens de hoje. Vale a pena parar para pensar e separar quem é o que neste quesito do game. De alguma forma ainda inexplicável, sabemos da necessidade de encontrar alguém que nos complete na busca da felicidade.

Parece que existimos para resolver a equação de amar e sermos amados, nessa ordem. Isso já está escrito em nossa consciência. Quem terá sido o autor desse projeto? Deus, com certeza! Então?

Quem conhece algum felizardo que realmente atingiu a meta?

Nada a ver com coisas da boca para fora; muito menos com fingimento para manter as aparências. Nem tampouco, neste momento, nos referimos aos mestres que já ultrapassaram a fase da simples parceria e encontram-se jogando a fase do amar comunidades inteiras e até a humanidade – gente como Madre Teresa de Calcutá, Francisco Cândido Xavier, Dalai Lama e outros; como aquela pessoa que neste game abriu mão da busca de encontrar sua cara-metade para cuidar dos mais necessitados – quantas abnegadas e despojadas pessoas que abriram mão de achar a cara-metade na existência para cuidar de um ou vários familiares, ou mesmo pessoas antes desconhecidas você conhece?

Como saber por que procuro alguém?

Alerta.

Antes de seguir no jogo, vale a pena tentar decifrar o roteiro, ou seja, entender o enredo. Leitor, isso é muito importante.

Num primeiro momento, como tarefa inicial para novos principiantes: a procura da metade da laranja deveria ser matéria de escola desde os primeiros momentos da vida sentada nos bancos escolares.

Em vez de estudar apenas acidentes geográficos, datas históricas, equações matemáticas..., seria da maior importância estudar também os acidentes de relações afetivas, sociais e de trabalho no que realmente interessa – nossa própria existência, mais ou menos feliz ou não, estejamos posicionados em que latitude ou longitude do planeta for; ou como ricos e pobres; brancos, vermelhos, amarelos, letrados ou não; claro que importa; mas nem tanto, nem tanto.

Nossas chances seriam melhores se fôssemos orientados desde muito cedo a alinhavar os motivos reais dessa busca.

Quem me ensinará a não sofrer nem a perder tempo com escolhas erradas?

Em quem acreditarei?

Nos felizes ou nos infelizes?

Quem são eles?

Onde estão?

Todas as respostas sempre irão girar em torno da sensação e do direito de ser feliz.

Nessa busca, nossos mestres farão diferença positiva ou não. Nosso problema coletivo é que raras pessoas conhecem a verdadeira felicidade, mas mesmo assim teimam em tentar nos conduzir como cegos guiando cegos ou surdos tentando se fazer ouvir por outros também surdos.

Mal conduzidos, cairemos em muitas armadilhas antes de encontrarmos alguém que possa ser nosso companheiro na jornada em busca de atingirmos o tão sonhado reino da felicidade.

Neste jogo, tudo o que parece absolutamente certo, logo pode transformar-se em armadilha para quem pensa pouco e para quem não aprende a usar o "time interno".

Dentre elas:

Príncipes encantados e fadas

Na vida real, príncipes logo viram sapos e fadas rapidamente transformam-se em bruxas...

Essa armadilha é básica, então não acreditemos em felicidade comprada, vendida, mágica. Construamos a nossa, alicerçada na que conseguirmos proporcionar às outras pessoas. Além disso, tenhamos em mente que a sensação de estar feliz que podemos oferecer aos outros é temporária. Cabe a eles torná-la definitiva e perene; isso é lei da vida: ninguém está acima dela nem merece favores especiais.

Medo da solidão

Oi, tio, oi, tia!

Em certas fases do jogo, ouvir essas palavras dá até crises de alergia...

Na busca da cara-metade, sabe-se lá quantas pessoas afins se cruzam sem se encontrar. Quase deu certo; faltou apenas um pouco de atenção. Sem neura, pois isso faz parte do jogo do amor. Estava ali do lado ou na nossa frente o tempo todo, mas dormimos no ponto e perdemos a chance. Outras virão? Quem sabe? Mas o que importa? Pois ontem é um tempo que não existe mais e amanhã é um que não existe ainda; fiquemos atentos e espertos hoje para não perdermos de vista a beleza das pessoas que conosco compartilham a existência.

Sugestão

Preste muita atenção em quem está neste momento ao seu lado, ele pode ser seu príncipe encantado ou até mesmo sua fada madrinha.

O medo de ficar sozinho tanto para homens quanto para mulheres reforça a timidez social. Torna-se um empecilho para que o indivíduo abra canais que favoreçam a interação capaz de gerar experiências afetivas. O medo da solidão pode ser tão forte a ponto de nos impedir de manter relações saudáveis. Não raro, o medo de ficar sem ninguém conduz os inseguros e apressados aos braços da dor, pois, quando nessa situação, escolhemos pessoas erradas ou a primeira que nos der um pouco de atenção. Nessas condições, as opções deixam a desejar e os resultados dolorosos e os fracassos nos impedem de continuar procurando.

Alerta

Quem perde o momento de mudar condena-se ao GAME OVER.

Se não deu, tente de novo...

Quando deixamos de refazer as escolhas estamos nos condenando a sofrer e ao ostracismo.

Tente livrar-se do fantasma do tempo e dos seus medos.

O medo e a inércia também nos fazem encalhar em relacionamentos doentios.

Foi bom enquanto durou. Era hora de cair fora e dormimos no ponto – quase sempre ouvimos o som do GAME OVER.

Quando acomodados em relações que se tornam sem graça ou doentias, tornamo-nos carentes de afetividade e vulneráveis aos vampiros do afeto ou aos das energias sexuais, o que pode criar problemas complicados.

Quando é o momento de mudar de ares afetivos?

Basta treinar a percepção do que nossa presença causa na outra pessoa e aprender a avaliar nossas sensações ao interagirmos.

Quem se conforma com relações afetivas inadequadas pode frustrar-se.

Por outro lado, o medo de "ficar para titia ou titio" leva muitas pessoas a se agarrarem a um relacionamento que não tem a mínima condição de dar certo. Continuamos com aquele parceiro porque não vemos possibilidades de conseguir outro (nada a ver com destino). Claro que essa atitude leva a conflitos íntimos, e a saúde afetiva dos parceiros tende a se deteriorar.

Uma relação afetiva que se iniciou ou se manteve à custa do temor de encalhar deixará a desejar.

Sugestão

Embora não educados para agir assim, sempre é válido tentar aprender a amar quem está ao nosso lado...

Para que procuro alguém?

Quais minhas intenções? Na seqüência, sempre há muitos fatores a considerar a respeito de nossos desejos e intenções na busca da cara-metade. Se a atenção for pouca, caímos nas armadilhas mais bobas e seremos infelizes mesmo antes do GAME OVER.

Foi bom? Estava gostoso? Já observou quantas vezes repetimos isso?

A opção primária: serei um personagem do bem, do mal ou indefinido? Do bem ou do mal para quem? Quem vai lucrar e quem vai perder? Desejo ser feliz e tornar alguém feliz ou quero aproveitar-me dessa pessoa?

A vida conspira a favor de quem batalha pelo que quer

Ninguém dará jeito na nossa vida afetiva, se não fizermos a nossa parte... Nem sempre o que almejamos com relação a nossos relacionamentos será transformado em realidade nem rogando ou comprando a ajuda do Além – como se vê em cartazes espalhados pelos postes e muros da vida tentando iludir os descuidados.

Perigo

O momento atual é diferenciado; a mesma fase deste jogo, anos atrás, exigia menos competência dos jogadores.

Somos defrontados com novas obrigações de escolhas. Cada vez mais rápido, sem muito tempo para pensar; quando o cardápio das escolhas é aberto, ficamos sempre em mortal dúvida, pois as opções são, a cada dia, mais variadas principalmente nos centros urbanos. Neste final de era, é complicado decidir, pois as ofertas são tantas que acabamos deixando a decisão para mais tarde e optamos por relacionamentos sem compromisso, apenas para ver no que vai dar; DEIXA ROLAR é uma tecla muito usada.

Sugestão

Uma das provas mais difíceis de superar neste game é uma das mais cobiçadas pelos jogadores inexperientes: a beleza.

O belo ou a bela têm à sua disposição um leque tão grande de opções que se engasgam e atrapalham a ponto de decidir sempre pelo pior ou curtirem a solidão de mal amados.

Uma linda amiga deu-me de presente uma pérola: "A beleza serve apenas para o prazer dos outros"... Avalie este desabafo de uma mulher ícone da beleza e muito cobiçada, num momento de angústia pessoal.

Que tipo escolher para atrair a outra parte?

No palco do teatro da vida onde se desenrola o LOVE GAME, cada ator escolhe sua fantasia.

Além dos rituais que todos os animais possuem de forma instintiva para a atração, podemos escolher os adereços e os tipos.

Definidas as intenções de meu personagem, posso escolher que tipo ele vai fazer e entrar em detalhes: optar pela cor do cabelo, as vestes, os adereços e as posturas planejadas. Como ao longo do jogo posso dar um PAUSE para definir melhor a estratégia de atração do parceiro, é importante aproveitar para definir os rituais do: "Chega mais! Aproxime-se!" Com qual jogador à disposição no menu do game vou me identificar, para continuar minha caminhada em direção à felicidade?

Além dos tradicionais tipos de personagem muito conhecidos, cada um pode criar o que corresponda mais aos seus desejos e que seja mais o seu perfil. Dentre os básicos e já velhos conhecidos:

O QUE FAZ TUDO PARA AGRADAR

Quando nos interessamos em conquistar alguém, sem perceber criamos uma personalidade específica para lidar com essa pessoa.

Agradar como meta para conseguir objetivos, em vez de uma conseqüência natural de nossa postura diária, é um engano muito comum nas fases iniciais dos relacionamentos. Claro que as decepções são multilaterais e o sofrer é um dos efeitos dessa atitude.

Como saber?

Uma forma de diagnosticar rápido quem decidiu encarnar esse personagem é o excesso de mesuras e de palavras melosas, nem sempre seguidas de gentilezas. Prestar atenção na forma como essa pessoa trata os velhos amigos e os familiares – isso fecha o diagnóstico do indivíduo mulherengo e da mulher *vamp*.

Sugestão

Deixe "essa mala" de quarentena até que possa avaliar suas verdadeiras intenções ou dê um FORA! nela.

O eterno paquera

O que fica à espreita de alguém que o fará feliz.

A intenção básica desse jogador que "não chove nem molha" costuma ser usar a outra pessoa para satisfazer necessidades sensitivas, psicológicas ou afetivas; mas medroso como ele só, apenas "fica na moita". Aprenda a identificar pessoas com esse perfil e, caso queira ser feliz, procure outros ares.

Fixação

Quanto ao papel do sexo na nossa evolução?

Nesse quesito, Freud tinha absoluta razão. Mesmo que se diga o contrário, a busca da relação entre homens e mulheres, e até entre os homossexuais, está quase sempre voltada para a sexualidade bem ou mal definida.

De forma explícita ou camuflada, quando nos interessamos por alguém "fazemos sexo" com os olhos, com o pensamento etc. Sempre foi dessa forma. No entanto, na atualidade, a deusa

MÍDIA ajudou a transformar um recurso divino para a evolução como o sexo numa idéia fixa (obsessão).

Vida sexual

A maioria das pessoas não encontra paz e saúde se não usufruírem de uma vida sexual saudável. Essa é uma verdade incontestável. O importante é definir o que seja uma vida sexual sadia. Dá para oferecer algumas sugestões para encontrá-la: as informações estão à disposição dos participantes do nosso game.

Fora! conceitos do tipo: possuir alguém

Pessoas que comentam sua vida sexual ou que contam vantagens são problemáticas. Quem desrespeita essa interação tão íntima não merece consideração; deve tornar-se carta fora do nosso baralho.

Cuidado com as pressões de grupo que formam campeonatos de libido e orgasmos mentirosos.

Se a relação foi insatisfatória, busquemos analisar com carinho onde falhamos sem tentar pôr a culpa na outra parte.

A energia sexual é para ser compartilhada, trocada, não se trata de algo para ser descarregado.

Se o principal elo afetivo que temos com alguém é a interação sexual, tenhamos absoluta certeza de que essa relação já acabou mesmo antes de começar.

Aprendamos a fazer da energia sexual uma energia de doação. Ofereçamos sempre o que temos de melhor para a outra parte, e o retorno a vida nos dará com toda certeza.

A sexualidade é um dos caminhos do desenvolvimento da capacidade de amar. Quem ama cuida e quem ama respeita. Aprendamos a cuidar e a respeitar a outra pessoa, sempre.

Não devemos misturar relação sexual com bebida nem com drogas. Tal e qual dirigir. Se beber não dirija. Muitas vezes, nada de desagradável acontece, mas os "desastres" são mais comuns do que se imagina. Se precisarmos de bebida ou qualquer estimulante na hora da relação sexual, estamos nos avisando de que algo não vai bem.

Não criemos expectativas quanto ao resultado final da relação. A chance de frustração é enorme. A melhor política exige simplicidade e humildade. Desse modo, a satisfação é garantida. Apenas façamos nossa parte doando carinho, respeito, cuidados.

Cada um tem as suas necessidades sexuais. Estudemos as da outra pessoa e procuremos satisfazê-la com cuidado e respeito, que a vida nos devolve da mesma forma.

Quando estivermos insatisfeitos verbalizemos a insatisfação. Treinemos o diálogo claro, inteligente e honesto para garantir nossa felicidade e a da outra pessoa.

Que fique sempre claro que não existe nem o parceiro ideal nem a parceira ideal. O ajuste sexual, como o amor, é uma conquista capaz de trazer paz, harmonia e felicidade com tempo e esforço.

A abstinência sexual forçada é uma fonte de distúrbios.

A relação sexual envolve aspectos com que nem sonhamos ainda, como a obsessiva necessidade de sexo no pós-morte, pois nossas tendências nos acompanham após desencarnar. Temos nossas companhias espirituais. Para aqueles que já se preocupam com esse assunto que tanto influencia nossa vida, vale um alerta: cuidado com quem, onde e em que momento vai manter relações sexuais, pois podemos arrastar conosco companhias espirituais indesejáveis do parceiro que vão nos assediar com resultados funestos. Necessidades sexuais compulsivas são indicadores de obsessão espiritual em andamento.

O CARA QUE SÓ QUER FICAR

Quem quiser virar amostra grátis de relação afetiva, problema seu... Ficar, a princípio, indica que há interesse na pessoa e deixa subentendido que há intenção de relacionamento sexual. O cuidado que devemos tomar nesse tipo de situação é avaliar sempre o que nos interessa naquela pessoa antes e depois.

DICA

A libido está a mil por hora? Quem é o chefe: o cérebro ou...? A cultura do orgasmo divulgada pela mídia é uma armadilha para os incautos. Ela criou uma visão obsessiva e deturpada do orgasmo, que causa muitos problemas psicológicos para pessoas imaturas de qualquer idade.

É preciso esclarecer o jovem para não cair em pegadinhas tão antigas quanto simplórias; é urgente e inevitável repensar e reavaliar conceitos sobre o orgasmo para que não ocorram destrutivas desilusões, promiscuidade, decepções, sofrimentos.

NA RELAÇÃO, O ORGASMO NÃO PODE SER O OBJETIVO, MAS SIM CONSEQÜÊNCIA

A preocupação com o prazer como finalidade traz uma série de problemas psicológicos e afetivos, tais como: medo de se relacionar, insegurança quanto ao desempenho, ejaculação precoce, frigidez, masturbação viciosa e doentia.

A cultura do prazer a qualquer preço ajuda as pessoas a se tornarem fingidas, mentirosas e desonestas. Criam toda uma cena no momento, mas não sentem alegria real. Tornam-se mentirosas quanto ao próprio orgasmo, quanto ao número deles. Transformar o prazer sexual numa competição para ver quem é capaz de sentir ou de mentir mais é coisa de quem vive na periferia do mundo da REALIDADE. É fácil identificar esse tipo de pessoas: sentem uma necessidade compulsiva de divulgar seus feitos. Apregoam suas conquistas amorosas para que possam esconder de si mesmas sua pobreza afetiva.

SUGESTÃO

Orgasmos múltiplos, várias relações sexuais seguidas são fantasias que muitas pessoas gostam de cultivar para enganar a si e aos outros. Para elas, um carinhoso FORA!

O INTERESSADO EM NAMORAR

Não custa nada dar uma chance, pois o amor é um grande aprendizado... Todo namoro resulta de um processo inicial de ficar; o que diferencia é a intenção de aprofundar a relação e torná-la duradoura. Quando esse é o desejo dos parceiros, o resultado pode ser muito favorável; porém, quando é intenção de apenas uma das partes, provavelmente teremos como conseqüência um processo de carma futuro e o GAME OVER vai aparecer mais rápido, ou talvez uma obsessão. Parece difícil identificar esse tipo, mas não é; basta observá-lo. No entanto, como tudo na vida tem um preço, é preciso estudar esse pretendente a colega de jogo para não cairmos nos mundos da ilusão e do sofrer.

O "larga do meu pé!"

O que fazer com o tipo "chiclete humano"?

Quando caídos no chão, os chicletes grudam nos sapatos; quando algum mal-educado, depois de mascá-los, deixa-os num assento, grudam e sujam as roupas de algum desavisado. Um tipo de efeito colateral: acalmam os ansiosos que os mascam e depois jogam fora, para atrapalhar a vida dos descuidados.

Sugestão

Várias são as marcas, sabores e tipos; aprenda a identificá-las para não reclamar de propaganda enganosa. Vacine-se e aprenda a diferenciar uns dos outros.

Exemplo:

A dor quando uma relação está agonizante é tão grande que nem sempre um dos parceiros aceita a separação e se humilha, querendo voltar a qualquer preço. Frustração, mágoa, dores na alma, insegurança, raiva. São tantas as emoções envolvidas no término de um relacionamento que muitas pessoas não conseguem aceitar o fim; daí tomam atitudes impensadas e sem nexo. Isso é explicável, pois a sensação de perda ou de abandono é tão dolorosa que pode até superar a da morte de um ente querido; às vezes é bem pior, como quando a outra parte acha alguém que a faça mais alegre ou até feliz.

Alerta

Ultimamente, as pessoas demoram tanto a encontrar um amor que, quando o conseguem, agarram-no com "unhas e dentes" a ponto de espantar a outra parte. Elas esquecem que a relação pode não ser "verdadeiramente" recíproca, e as dores do abandono são proporcionais às sensações da paixão arrebatadora.

O que deseja formar família

Até que a morte os separe... Famílias verdadeiramente estruturadas numa sólida base de amor e planejadas não costumam ser ainda muito comuns. Para jogar essa fase, é preciso muito estudo das metas, desejos e estar preparado para superar muitas dificuldades. No entanto, para quem leu o manual e o segue, essa fase pode ser extremamente prazerosa, alegre e realizadora. Tomara que o número de jogadores a atingir essa etapa aumente dia-a-dia e que mais e mais pessoas descubram que a morte não desfaz as relações, elas podem seguir maravilhosas muito além da arena da vida física...

Alerta

Não se torne um especialista em camuflagem ou ilusionismo.

O ADMIRADOR, O FÃ

O amor platônico e a admiração quando mútua é uma fonte inesgotável de energia a alimentar a existência. Nenhum de nós pode ter uma vida afetiva saudável sem amigos e admiradores; quando há a reciprocidade, estamos a um passo do paraíso. Claro que sempre há o perigo de não haver reciprocidade, e a interação pode tornar-se danosa. Muitas pessoas admiram tanto outras que, de forma inconsciente, tornam-se comensais ou até vampiros da energia vital do outro. Aprender a defender-se de pessoas desse tipo é de grande valia para todos. A busca do jogo ideal é conseguir amar na vida física, admirar e curtir nosso bem-querer com tudo o que há de direito. Quem sabe, se trabalharmos bem seja possível.

SUGESTÃO

Aprenda a identificar essas pessoas para que possa conviver com elas numa relação afetiva e energética em que todos ganhem. Não permitir ter suas energias sugadas é um ato de amor tanto a elas quanto a si próprio. Essa sugestão é vital, não apenas para pessoas em tarefas públicas; todos nós temos nosso fã-clube de pessoas que nos admiram e vibram pelo nosso sucesso. Retribuir a admiração e as energias amorosas a essas pessoas é uma glória que, segundo alguns mestres, vale a pena experimentar.

ALERTA

Os vampiros podemos ser nós mesmos em algumas situações. Se nos sentimos bem demais após interagirmos com alguém por quem temos admiração, pede o bom senso que enviemos energias amorosas e de gratidão a essa pessoa, pois não é nada difícil que tenhamos subtraído energia dela.

Com quem será?

Lembram do final da cantiga dos pré-adolescentes na hora de cantar "parabéns a você": "Com quem será? Com quem será que a fulana vai casar? Ela vai casar com o beltrano; quando ele se formar!"

Rostos vermelhos para cá, sorrisinhos amarelos para lá...

Por que será que nossos amores infantis ou juvenis se esvaem no tempo e no espaço? Por que não continuamos puros como as crianças?

Onde estará nossa cara-metade no ontem, no hoje ou no amanhã?

Caso fosse o momento certo de me unir a alguém: seria o objeto do amor infantil? Ou o da juventude? Com quem e em que época, jogarei de verdade o game? Como identificar a realidade atrás da lei de atração em cada época? Se a escolha é sempre nossa e ninguém está condenado a nada que não deseje, como saber?

Será que a resposta é tão simples? Nossa família de hoje tem forte relação com o passado, e as escolhas que fazemos hoje determinarão nossos laços de família do futuro? Será apenas isso ou posso mudar quando quiser? Mas serão laços ou nós? Será que depende apenas de nós mesmos? Nosso livre-arbítrio é tão forte que nenhum mestre ou palpiteiro pode escolher por nós?

Sugestão

No mundo da REALIDADE:

Nossos amores são sempre a nossa cara escondida...

Um dos objetivos deste RPG é desenvolver a percepção capaz de nos apontar a pessoa certa, no momento exato.

Como aprender? Jogando com inteligência.

Este é um dos objetivos principais deste game: a solução apenas surge quando estamos jogando. A importância do recurso do PAUSE torna-se a cada jogada mais evidente.

Onde encontrar meu amor?

Por onde andará meu amor? Onde estará?

Quem me venderá o segredo da felicidade a dois?

O segredo está na lei de sintonia. Como interpretar?

Nada complicado: dize-me onde buscas tua cara-metade que te direi o que te destina o futuro. "Quem procura acha"...

Sábios ditados populares: "Dize-me com quem andas que eu te direi quem és". "Dize-me o que pensas e eu te direi com quem andas".

Amor de balada: game over

Se você quer encontrar alguém que o respeite, procure-o em lugares onde a razão (raciocínio crítico) tenha condições de agir acima das emoções e das paixões. Tente alçar vôo e busque seu amor no caminho do meio entre o mundo da MITOLÂNDIA e o mundo dos ESPÍRITOS. Peça ajuda que ela virá; no entanto, não se acomode nela. Acate-a; porém use os indispensáveis recursos, pois o Mestre nos presenteou com a sugestão: "Bata que a porta se abrirá"; bateu, a porta se abriu, e daí? O que fazer? Portanto, saiba com segurança o que pedir.

Mais chances de serem felizes na vida afetiva têm os que encontram seus amores em locais onde se pensa e se reflete.

Sugestão

Dê preferência a buscar seu amor em lugares onde há vivo interesse em ajudar as outras pessoas a se tornarem mais felizes. Pois amor de "balada" é sinônimo de aperfeiçoamento humano por intermédio da dor e do sofrer – cada um é livre para escolher seu cabo de fibra ótica –, sua estrada da vida entre as várias dimensões em que trafega nossa consciência.

Ao aceitar nossa condição de seres que jogam o jogo da vida ainda divididos entre os valores e vivências deste mundo e os da ética baseada em só fazer aos outros o que gostaríamos de receber, o melhor caminho a seguir é o crítico e saudável caminho do meio: nem tanto lá muito menos cá. Tudo passando pela peneira da razão sob a supervisão da emoção.

O que espero?

Quem vai me fazer feliz? Para nós, viajantes entre dimensões e conceitos, não custa repetir que perdemos muito tempo aguardando princesas que logo viram bruxas e belos príncipes que breve se tornam sapos. Criou-se uma visão romanceada da relação entre homens e mulheres em nossa cultura que nos traz muitos problemas. Quer usar o PAUSE? Talvez seja uma boa opção. Parte de nosso comportamento diante do sexo oposto é inato; a outra parte é aprendizado. Como achar o equilíbrio entre o inato e o aprendido?

Mais sugestões

Vale a pena não perdermos de vista a seguinte verdade: A felicidade é relativa a cada momento. Cadê minha alma gêmea deste instante? Será essa "mala" que me acompanha? Estará num planeta distante?

E aí, amigo, onde andará seu amor?

Fora!

Não gostei da relação atual. Basta modificar-me para conquistar a que mais se aproxime de meus sonhos de criança ou os de hoje? A ilusão afetiva impede que sejamos felizes no exato instante em que estamos vivendo e com quem estamos vivendo.

A vida de fantasias e de expectativas ajuda a desenvolver a insatisfação negativa e a ingratidão com relação às pessoas que fazem parte do nosso universo afetivo do presente, e a pessoa ingrata é um indivíduo de má qualidade humana.

Quanto mais cedo nos libertarmos desse tipo de cultura, mais depressa caminharemos para relações melhores e mais saudáveis.

Alerta

Manter um "clima de romance" na relação a dois é muito gostoso, necessário e saudável, uma delícia a ser curtida com intensidade. Mas num jogo de RPG nem tudo o que parece é. Quem quiser salvar-se (ser mais feliz e realizado), precisará se transmutar num adepto do mundo da REALIDADE para superar as inevitáveis dificuldades que surgem no dia-a-dia na vida de relação.

Sem reforma íntima não há romance durável

Sem uma tentativa de superar nossos defeitos e caráter, logo estamos nos infernizando – e tome GAME OVER um após o outro.

Manter o clima de interesse e respeito pela outra pessoa a maior parte do tempo é uma tarefa ainda além das nossas capacidades atuais de seres mutantes que não sabem muito bem o que desejam.

É necessário descobrir e cultivar as qualidades dos seres que conosco convivem e apreciá-los, sem ignorar sua falta de qualidades.

Para conseguirmos essa vitória espiritual, alguns cuidados devem ser relembrados:

- Não apontemos os defeitos dos outros, pois esse tipo de atitude não beneficia ninguém.
- Não percamos tempo em querer modificar as outras pessoas segundo os nossos interesses.
- Não sejamos nós o escândalo ou a ferramenta para ajudar o outro a progredir. Copiemos o Divino que sempre respeita a todos, tanto bons quanto maus.

- Mantenhamos permanente vigilância sobre nossos defeitos de caráter sem brigar com eles, pois a violência, mesmo que apenas na intimidade, não leva a nada e nos transforma numa pessoa amarga depressiva e chata; é mais fácil e produtivo desenvolver com alegria e prazer as qualidades que nos faltam.

- Devemos sentir alegria e prazer em tudo o que fazemos e, dessa forma, as pessoas que estão à nossa volta também se sentirão alegres e até felizes.

- É inteligente criar e manter um clima de romance na vida íntima. Mas ele deriva da alegria e do prazer com que vivemos. Descobre-se o verdadeiro prazer, a essência do gozo que é servir aos outros sem esperar retorno.

- Não esperemos das outras pessoas o que não fizemos por merecer.

SIMPLESMENTE AMAR

Esse tipo de atitude de desapego não é conformismo. Experimentemos oferecer sempre o que temos de melhor, e breve, muito breve, modificaremos nossa vida enriquecendo-a de paz e alegria permanente.

Experimentemos. Não custa nada. É de graça.

O ABC DA LEITURA CORPORAL

O corpo aprendeu a falar muito antes da linguagem verbal. Pense bem.

Suas coisas são a sua identidade.

Seu corpo e sua postura refletem com fidelidade o que vai na sua alma. Como nossa morada desta dimensão, ele espelha nossos sentimentos e desejos, mesmo os mais secretos; na sua pureza, denuncia e aponta aquilo que escondemos até de nós mesmos.

Para que tenhamos saúde afetiva, não basta definir nossas intenções e desejos com relação ao outro, é preciso descobrir as verdadeiras intenções da outra parte para que não sejamos afetados de forma negativa. Contar com a ajuda da fala corporal é mais do que útil: é essencial.

A leitura corporal permite uma viagem de fora para dentro e revela traços que definem tendências de comportamento e personalidade.

Sem freios, o corpo expressa tudo o que está na consciência; revela o caráter e a maneira de a pessoa se portar no mundo. A leitura corporal bem-feita pode nos mostrar o que está por trás das defesas dos nossos interesses egoísticos. Quem quiser usar esse recurso que use; quem o desdenhar, uma feliz aterragem no mundo da ilusão, com direito a antidepressivo, analgésico e antiácido e sem pagar mais por isso, pois a saúde do corpo físico reflete de forma direta a saúde afetiva e emocional ou a falta dela...

Cada um cria sua forma de expressão corporal

Embora a expressão corporal compreenda todos os movimentos gestuais e de postura representando o biótipo da pessoa que o formatou, ainda recebe a influência da cultura local, regional, nacional e da educação; daí, para realizar uma boa leitura corporal é preciso conhecer as práticas e os costumes do grupo social que entrará na nossa vida, além é claro de estudar o comportamento da pessoa.

Aprender sobre a linguagem do corpo

A capacidade de observar gestos e a postura das pessoas nos oferece um diferencial na captação da informação a respeito da qualidade das interações. A vantagem é enorme, pois podemos captar o que se passa na cabeça de um indivíduo mesmo antes de nos relacionarmos com ele. Com esse recurso à disposição, é possível evitar contratempos e economizar tempo.

Alerta

Gestos intencionais longamente estudados e treinados, como o aperto de mão e as linguagens de sinais, são identificados em segundos por observadores de primeira hora, desde que já alertas; coisas tão simples como desconfiar de quem não aperta sua mão, apenas escorrega por ela: cuidado; nem sempre é falsidade; boa parte das vezes é timidez, medo, insegurança.

Como saber quem é quem e quem deseja o quê? Quem está dizendo a verdade e quem está tentando nos iludir? É o que vamos descobrir!

Vida moderna

Nem sempre temos tempo para estudar a pessoa. O que fazer num primeiro contato? Como saber algo sobre um indivíduo em tão pouco tempo? De que forma identificar seus reais desejos? Nada complicado. Atenção: basta analisar, sem julgar, a forma como a pessoa se comporta diante das situações e dos diálogos. Observe, por exemplo:

A entonação de voz: ela já revela a pessoa e suas intenções.

O riso ou o sorriso podem mostrar não apenas as emoções que surgem no momento de cada pessoa, mas as intenções. Algo como sorriso amarelo; riso com dentes à mostra; riso franco, tímido etc.

Um braço mantido cruzado durante a interação pode sinalizar uma pessoa fechada ou intransigente.

Pessoas que não fixam o olhar no do outro podem ser inseguras ou mentirosas. Cabeça baixa pode denotar timidez, fraqueza, culpa ou insegurança.

A posição do tórax pode demonstrar arrogância ou timidez dentre outras coisas.

As expressões faciais podem dar dicas, mas o resultado do conjunto é o que pode nos dar mais segurança na interpretação.

Não somos o que parecemos ser

Neste momento de nosso jogo, queremos alertar o leitor para um problema decorrente da formação de múltiplas personalidades para escamotear as verdadeiras intenções.

Como identificar a realidade de cada um de nós?

Basta usar os recursos à mão: observação e discernimento; dentre eles, o estudo da linguagem do corpo.

Alerta

Nem sempre as pessoas querem nos usar para suprir seus interesses de forma consciente. Mas embora nem sempre os que se aproximam de nós tenham a intenção de se aproveitar ou de nos fazer mal, não custa nada evitar problemas futuros, pois pequenos descuidos podem gerar grandes problemas.

Replay de sugestão

Uma forma a ser agregada ao processo de reconhecimento sobre com quem estamos lidando é a percepção do que sentimos ao encontrar essa pessoa. Numa fase inicial, é possível educar as sensações que as pessoas nos trazem; noutra, mais avançada, elas podem ser treinadas e desenvolvidas como qualquer outra aquisição humana, embora algumas pessoas já tenham nascido com esse "dom".

Aprenda a ler a postura corporal e desenvolva a técnica de sentir a energia liberada pelas pessoas em cada situação: quando nos sentimos bem ao lado de alguém – em qualquer circunstância –, essa pessoa certamente é portadora de boas vibrações, que nos alcançam e nos dão uma sensação de paz, de tranqüilidade.

Somos compatíveis?

A vida é um grande mistério e nem sempre é possível encontrar explicações para o que está acontecendo com você. Por que o amor surge sem dar avisos prévios?

Descubra isso apenas vivendo, experimentando; mas com inteligência; não engravide o seu destino com o fruto de uma escolha mal elaborada. Saiba com antecedência o que o aguarda.

Use a pílula do raciocínio crítico e o preservativo da precaução.

Prevenção é tudo: mas de forma simples e eficiente, algo do tipo que o Mestre nos ensinou: mansos como as pombas, mas prudentes como as serpentes.

Como?

Estude-se, avalie-se – conheça a você mesmo.

Sugestão

Antes de saber de verdade quem você é – livre das máscaras forjadas pela educação e cultura – não se aventure a descobrir sua cara-metade, pois o sofrer o aguarda como ferramenta capaz de aprimorá-lo. Mas, mesmo as sugestões colocadas nas revistas escritas ou da INTERNET por pessoas não muito felizes podem servir como bê-á-bá para que comece uma nova fase no game.

Como descobrir com quem sou compatível?

Repetindo: antes de tudo, conheça a você mesmo. Depois, estude a outra parte.

Sugestão

Amar e ser amado: processo de dar e receber. Em conseqüência disso, podemos nos classificar em egoístas e generosos.

O egoísta apenas se preocupa em receber e o generoso em dar.

Dois egoístas juntos tornam-se notícia de página policial.

Um egoísta e outro generoso convivem em relativa harmonia; até que a paciência do generoso se esgote.

Dois generosos se dão muito bem até que o tédio comece a incomodar...

Alerta

Reveja com urgência seu conceito de ser generoso e de ser egoísta, para não causar danos a si mesmo nem aos outros.

Intervalo obrigatório antes da segunda fase

Este jogo é, acima de tudo, uma conversa entre amigos, um fluir de sugestões e troca de experiências. Em cada intervalo, cada um discursa sobre o que quiser, mas vale a pena manter uma seqüência mais ou menos lógica para não jogar conversa fora. Mesmo nas fases iniciais, as armadilhas e os perigos que nos rondam desafiam nossa marca registrada de candidatos a viver na arena da REALIDADE: a inteligência, quando bem desenvolvida nas vivências, nos ajuda a conquistar o bom senso, que acelera a intuição, ferramenta indispensável para avançar e deixar de viver em mundos como MULA, COBAIA e MITOLÂNDIA colocando um pé no mundo dos ESPÍRITOS.

À medida que seguimos em frente, cada vez mais, qualquer descuido pode ser fatal às nossas pretensões. Sendo este game interativo, exercitar o diálogo com o parceiro torna-se questão de vida ou morte. Se esgotamos as possibilidades de seguir com o atual e, nesse caso, não adianta colocar a culpa na outra parte ou buscar justificativas externas, o melhor a fazer é dar um PAUSE íntimo e avaliar onde falhamos; a outra parte fará o mesmo quando desejar ou quando capacitar-se.

Nunca cobre do outro

Quando as expectativas não foram satisfeitas, abandone as cobranças à outra parte; cobre apenas a si mesmo, mas com inteligência e bom humor, pois cultivar culpas, remorsos é coisa de COBAIA.

Em qualquer das situações, devemos nos preparar com inteligência e trabalho para seguir jogando, pois de repente somos defrontados com questões simples das fases anteriores e, se não estivermos craques, perdemos tempo ou caímos de forma infantil em novo GAME OVER.

Neste intervalo, vamos aproveitar para analisar algumas situações freqüentes no decorrer do game que nos colocam na fila de espera dos que completaram esta fase planetária.

Deixar rolar

"Não estou nem aí" é a mesma coisa que não pensar.

Cuidado com o piloto automático, pois sua programação pode estar desatualizada – assim que entra no jogo você vai direto para MITOLÂNDIA ou para COBAIA.

A capacidade de pensar nos caracteriza; quem pensa bem escolhe melhor.

Deixar rolar, viver ao sabor dos acontecimentos e dos momentos é plantar descuidos para colher problemas segundo a Lei de Causa e Efeito. Nós, os nem muito bons nem muito maus, habituamo-nos a viver sem o controle da inteligência e queremos que os outros nos ressuscitem. Podemos nos socorrer uns aos outros, mas não dá para ficar emprestando vidas após cada jogada. Nesse ritmo, nem os amigos de ESPÍRITOS podem nos salvar.

Além dos descuidos, permitimos que gente daqui e do Além controle nossas jogadas. Azar, pois é nosso dever assumir o comando do destino; nossa saúde afetiva em todos os sentidos pode e deve ser controlada, pela vontade e desejos inteligentes; inclusive as pessoas que farão parte dela devem ser escolhidas por nós com muito critério.

Sugestão

Planejar em nada tira a graça das relações; ao contrário, fortalece-as e vivifica-as. Envie um *e-mail* para a NETVIDA e aguarde o retorno – mas analise bem a mensagem antes de mandá-la...

"Decidir no embalo"

Os grandes desatinos de nossa existência decorrem das situações que denominamos embalo. Significa que a ação decorreu de um impulso do momento, que não passou pelo crivo da razão, da inteligência. "Simplesmente aconteceu" é uma situação de deixar rolar, que fluiu sem o controle da mente bem treinada na arte de discernir. Por aqui, acidentes desse tipo ainda fazem parte da rotina das pessoas.

Um delito humano: não usar a capacidade de criar e controlar o próprio destino e o estado de sentir-se. O preço pode ser caro e o gosto muito amargo.

Pelo fato de sermos capazes de produzir o nosso futuro, gerenciar os acontecimentos de nossa existência e também influenciar de forma poderosa a vida das outras pessoas, não podemos agir no embalo, não mais; de ora em diante, nunca mais.

Embalo também significa dar velocidade, para que algo se realize

Se uma ação inadequada foi desencadeada, enquanto não cessar o impulso, ela não se detém, agravando as conseqüências, dia após dia, século após... Na vida de embalo, as pessoas não conseguem mais dormir, nem relaxar, muito menos concentrar-se; daí que vivem sob o efeito de todos os tipos de doenças.

Onde o embalo se torna mais perigoso:

Pressão de grupo.

Uso de bebidas ou drogas capazes de influenciar no raciocínio.

Erotismo capaz de deixar o impulso sexual fora de controle em momento, hora ou local impróprio.

Exacerbação do orgulho e da vaidade.

Temos a obrigação de manter a razão no comando para conseguir discernir entre o adequado e o inadequado a cada momento e situação. Essa é uma regra básica da segunda etapa do game.

Agir sob a pressão do embalo, a cada dia que passa, pode trazer efeitos desastrosos à nossa vida e à vida das pessoas que ainda não têm soberania emocional com relação a nós.

Posteriormente, arrepender-se das ações geradas no impulso é infernizar-se, ou aos outros.

Alerta

Ninguém merece cuidar dos filhos dos outros adquiridos de forma COBAIA – com a palavra os avôs e as avós-babás: "sem que o desejassem".

Quando agimos ou reagimos de forma impensada, afetamos a vida de muitas pessoas: família, amigos, sociedade e até a humanidade como um todo. Usar o paradigma do livre-arbítrio de forma infantil não serve de justificativa nem de desculpa – esses jogadores serão excluídos do atual LOVE GAME, com certeza.

Sugestão

Aproveitem – com a palavra os jovens: "para rever o conceito de livre-arbítrio". A humanidade agradece. Em dias tão tumultuados, pensar bem é a melhor vacina. Desacelerar por vontade própria é melhor do que ficar encostado na oficina da vida até reparar os estragos...

Apaixonar-se

Paixão sem análise e raciocínio é meio caminho andado para chegar à terra do sofrimento, da decepção.

Paixão arrebatadora é sinal de queda e de desastre à vista.

Sonhamos com alguém que nos ame apaixonadamente sem atinar para os problemas que esse tipo de relação costuma trazer. O apaixonado tira o sossego de sua vítima, não lhe dá tréguas, sufoca e termina perturbando. Caso seja ciumento, e quase sempre é, obseda. Pessoas nessa condição podem transmitir doenças mentais e de comportamento, pois provocam raiva, ira, cólera, culpa e arrependimento. É comum que ao ficarmos sob esse tipo de ataque afetivo adoeçamos, pois a caixa postal de nossa aura fica abarrotada de e-mails energéticos gerados pelo pensamento e sentimento dessa pessoa, perturbando nossas células e gerando distúrbios até na saúde física.

Sugestão

A INTERNET sempre existiu: basta pensar em alguém, acabamos de mandar um e-mail; quase sempre lotados de vírus, pois não estamos habituados a checar o que enviamos aos outros via pensamento e sentimento. O apaixonado lota nossa caixa de distúrbios energéticos do tipo SPAM.

Dica de como quebrar um encantamento:

Para escapar, siga as regras: dê um PAUSE, peça a ajuda do FORA! e tome um "chá de sumiço". Mas cuidado com a dosagem, vá com calma. Cuidado, no mercado há muitas receitas de como terminar um namoro em dez, oito, cinco dias ou algumas horas; mas os efeitos colaterais podem ser pesados. Use a inteligência sem estresse, pois na maior parte das vezes basta que sejamos nós mesmos para espantar essas figuras ou, melhor ainda, para ajudá-la a "cair na real" e a nos amar como realmente somos, permitindo que sejamos nós mesmos.

Ajudar um apaixonado a "cair na real" pode tornar-se um grato ato de amor que reverterá a nosso favor.

Sentir-se o máximo

Espelho, espelho meu: haverá alguém mais sem graça do que eu?

O narcisista se aperfeiçoa para sentir-se o centro do universo, das atenções do sexo oposto, tudo faz para tornar-se aquela pessoa capaz de despertar a paixão em qualquer um. Pode parecer estranho a quem tem um pingo de bom senso; mas o sonho de sucesso afetivo de muita gente ainda é tornar-se uma pessoa destruidora de corações, de perspectivas, de lares, de famílias. Vacine-se, pois esse tipo de gente sempre é problema: insegura, egoísta, orgulhosa.

Sempre que possível, "baixemos a bola". Caso o amigo tenha identificado em si esse distúrbio de personalidade, mesmo que de forma leve, para resolvê-lo siga os passos iniciais:

Tente "ficar na sua", pois quanto mais exposto estiver aos olhares, desejos e inveja dos outros mais a vida será complicada. Cada pensamento/sentimento é uma onda, uma vibração emitida, e as do invejoso são como dardos capazes de nos atingir profundamente, porque somos ainda indefesos contra vibrações desse tipo. Aceitar que somos pouco evoluídos é "cair na real"; melhor é "ficar na moita" até que melhoremos nosso padrão vibratório.

Diminua-se propositadamente quando isso não afetar seus mais imediatos interesses de sobrevivência; mas cuidado para não se tornar aquela pessoa que sempre se menospreza e que, sem perceber, diminui a auto-estima daqueles que se espelham em você: "Nossa, se fulano, que é um dos meus ídolos, se acha tão medíocre, eu o que sou?"

Seja franco e fale de suas dificuldades mais íntimas.

Bônus para a quebra de auto-encantamento.

Quem se apaixonar por um narciso, ou por um pavão misterioso, não vai fazer um bom negócio. Para vacinar-se, não esconda sua intimidade para o narcisista, passo a passo; daí quem sabe ele resolva mudar de CEP.

Nunca perca de vista a intenção. Lembra do combinado nas primeiras fases do game?

Acreditar ser capaz de mudar o outro

"Quando estiver ao meu lado para sempre tudo será diferente..." Por muitos motivos, imaginamos que é nosso dever ou que está ao nosso alcance a possibilidade de mudar o perfil psicológico de alguém.

Talvez demore até compreendermos que, além de falta de respeito, essa atitude é uma tentativa de controle e de manipulação. Enquanto nos mantivermos nessa postura, seremos incapazes de amar.

As pessoas apenas se modificam quando forem capazes e quando tiverem vontade. Isso é lei, portanto, mudar essa atitude não é um favor, mas sim um dever para consigo mesmas.

Sugestão

Não queiramos aprender pelos outros; até mesmo quando falamos, estamos dizendo primeiro a nós mesmos, pois nossa orelha está mais próxima.

Quando ouvimos algum conselho ou uma boa idéia ela tem endereço e CEP corretos: nossa própria pessoa – transferir responsabilidades nunca dará certo.

Uma ressalva se faz necessária: a vida não é egoísta, pois quando mudamos a nós mesmos, essa mudança atinge todos, especialmente os que convivem conosco – efeito dominó – contágio – infecção – contaminação – podemos dar o nome que nos interesse; a interatividade é lei tanto para o bem quanto para o mal; a escolher.

Refrescando a memória: numa reunião ou num grupo de pessoas, de repente alguém começa a gargalhar; logo, todos estão rindo sem saber o motivo. Ou, ao contrário, uma pessoa irada contamina todos com seu mau humor.

Fora!

Felizmente, a cada dia mais e mais pessoas estão desistindo de mudar os outros. Nem mesmo o Mestre Jesus quando esteve entre nós teve essa pretensão; apenas ensinou, exemplificou e deixou por nossa conta o que fazer de seus ensinamentos.

Imaginar que os dois se bastam

Se lutarmos sem glória, feito "Romeus e Julietas" contra tudo e contra todos para assegurar o nosso amor, caminhamos para o GAME OVER. Poucas pessoas hoje caem nessa armadilha de suicídio em nome do amor; no máximo, uma depressão. Na atualidade, se imaginarmos que apenas os dois pombinhos se bastam, estamos redondamente enganados, pois a existência é interativa e somos interdependentes, as escolhas de uns afetam a vida dos outros e vice-versa. Dia menos dia, sentiremos a necessidade do apoio da nossa família, dos amigos desta e das outras dimensões da vida etc.

Fora!

Mesmo que haja pouca ou nenhuma afinidade entre a família do parceiro afetivo e você, nunca tente afastá-lo do convívio dos seus, nem que a morte os separe. Antes, tente seguir um sábio conselho do Mestre: "Aproveite e reconcilie-se com seus inimigos enquanto está a caminho com eles". Aprende a engolir em seco, procure servir, comente apenas o necessário. Não discuta nem tente impor seus pontos de vista: apenas faça cara de paisagem; volte a ser criança...

Sugestão

Se a sua família ou a da outra parte o perturba, analise-se bem, pois provavelmente o problema está em você; em muitas situações, é preciso voltar a ser criança, que, para defender-se da maluquice dos adultos que falam feito papagaios alucinados, ela usa de uma forma bem simples: tudo o que não interessa entra por um ouvido e sai pelo outro; e ela apenas faz o que bem entende. Ouça apenas o que acrescenta, descarte o que subtrai...

Ignorar os bumerangues

A vida não engole o paradigma: "sem querer querendo". Vale a pena avaliar com constância o conjunto das intenções que nos norteiam a buscar uma relação afetiva. Todo mundo detesta ser traído ou enganado; pense bem nisso antes de bancar a COBAIA. E não esqueçamos da lei de retorno, dos temíveis bumerangues que voltarão. Não dá para escapar, exceto criando um ESCUDO DE PROTEÇÃO, uma rede energética gerada por um padrão de mudanças nas atitudes e nas posturas sem desculpas nem justificativas sem nexo: o BEM PENSAR e o BEM QUERER.

Não fomos criados para o sofrimento

Quem desejar continuar com comportamentos dúbios deve preparar-se para arcar com as conseqüências num futuro próximo ou longínquo.

Treinar a simplicidade e a clareza do "sim, sim, não, não" diminui a perspectiva da dualidade nas intenções e do uso constante do "mais ou menos" que nos leva a escorregar para a hipocrisia sem que percebamos; velhos vícios da MITOLÂNDIA – paraíso dos "sofredores de carteirinha".

Sugestão

Aprender a ajustar pensamentos, palavras e atitudes é a vacina por excelência contra o sofrer e a desilusão. Essa vacina chama-se BEM PENSAR.

Não podemos gostar mais ou menos de algo ou de alguém; ou gostamos ou não. Ou somos verdadeiros ou falsos.

Alerta

Somos seres interativos, portanto não tente transferir seus débitos para os avalistas no caso do LOVE GAME: pais, filhos, irmãos, amigos... – não dará certo, a justiça natural o acha onde estiver; não tente bancar o esperto.

Perigo

Nas fases iniciais do game, deslumbramo-nos com as possibilidades do jogo e nos viciamos em jogá-lo sem descanso, sem usar os recursos do PAUSE e os outros. Adoramos quando alguém fica "caído" por nós. Satisfeitos com a conquista, nem usamos esses recursos para avaliar os sentimentos e a vida de nossa vítima. Anos mais tarde, ficamos a cismar por que nossa vida afetiva não é prazerosa.

Sorte, azar, destino, milagres, sobrenatural, esses poeirentos dogmas da MITOLÂNDIA devem ser descartados rapidamente para que não nos tornemos cidadãos definitivos de MULA ou pior ainda: para que não sejamos levados cosmo afora.

Estudar a outra pessoa

Na escola, quem não estuda repete. Mas quem é bom ou mau aluno na tarefa do bom desempenho no LOVE GAME?

Nem tudo é o que parece

Qualquer coisa que façamos na vida exige observação, raciocínio e trabalho. Às vezes somos até detalhistas com coisas sem muita valia para nossa paz e felicidade como a aparência, os trejeitos, títulos e dinheiro; e nos descuidamos de coisas da maior importância em nossa vida, como selecionar a intimidade das pessoas com quem iremos compartilhar nossa existência: paciência, tolerância, serenidade, indulgência etc.

Estudar a outra pessoa não é julgá-la nem criticá-la ou mesmo encaixá-la em desejos padronizados.

A idéia é tentar encontrar pontos comuns a serem reforçados e antecipar possíveis pontos de atrito na relação. Daí, até aquelas regras básicas (que para os jogadores mais adiantados parecem tolices) para selecionar relacionamentos mais corretos que os editores de revistas colocam para deleite dos principiantes do game devem ser levadas em conta – não são apenas besteiras para vender livros ou revistas; devidamente analisadas, podem ser usadas. O que impede? Espelham parte da realidade? Claro que sim.

Use suas condições do momento e faça um inventário das qualidades e não-qualidades da pessoa que está na mira dos seus já bem avaliados desejos – mesmo que de forma primária, isso pode evitar muita dor de cabeça.

Sugestão

Alguns laços afetivos tornam-se verdadeiros nós cegos que levam uma eternidade para se desfazer. Diz o bom senso que antes de estreitar algum, melhor avaliar se é isso mesmo que desejamos.

O melhor momento para estudar uma pessoa é quando está descontraída ou quando reage por impulsos nas disputas, no trabalho, no trânsito, na vida em família; observemos como trata seus pais, irmãos, amigos; passada aquela fase de conquista, tudo o que ela faz com os outros vai repetir com você.

Deixar o sexo comandar a relação

Relacionamento entre homens e mulheres sem sexo é fantasia e sinal de problemas. A relação sexual é um importante complemento de união e de estabilidade. Embora seja a força motriz no aprendizado do amor incondicional, caso ela assuma o comando da relação, não existe relação. "Viver entre tapas e beijos" não está com nada no LOVE GAME. Discutir abertamente a importância ou não do sexo na relação ainda é tabu – o que nos torna malucos engraçados e cheios de paradoxos, pois pensar e falar em sexo o tempo todo se tornou uma atitude normal, porém o fazemos de maneira camuflada sob a forma de chistes, piadas. Até a maior parte dos xingamentos são de origem sexual.

Se falar de sexo é tão normal, por que evitamos discutir a sexualidade de forma construtiva?

Não vemos muitas pessoas analisando sua vida sexual senão depois que a relação já azedou ou precisa de artefatos estranhos para poder se concretizar.

O que nos leva a ignorar o parceiro e conversar sobre nossas frustrações e mágoas sexuais com outras pessoas? Quando os filhos perguntam alguma coisa sobre sexo, os adultos geralmente divagam, inventam desculpas e não são nem objetivos nem claros.

Quando é o momento de resolver esse dilema?

Muitos deixam para trabalhar seus problemas sexuais ao longo da eternidade – o que é uma pena, pois sexualidade sadia exige afetividade, clareza de intenções e responsabilidade.

O pensamento contínuo e o livre-arbítrio nos trouxeram a possibilidade de alterar instintos de forma cada vez mais rápida. Neste planeta, aparentemente somos os únicos que comemos sem ter fome e também os únicos que controlam o próprio cio; temos relações sexuais quando queremos ou quando podemos. Naturalmente, essa capacidade teria de ser regulada, senão pela própria vontade, também com a ajuda de doenças ou pela impotência tanto masculina quanto feminina (frigidez).

Como a divina força da evolução não dá ponto sem nó, sempre que a natureza põe à nossa disposição um recurso, com ele vem um conjunto de causas e efeitos da forma de usar, um tipo de sistema de controle, com manual a ser seguido.

O que mudou na sexualidade?

A cada dia que passa, em virtude da nossa lentidão no pensar, o pessoal da propaganda a transformou num bem de consumo, que nos consome.

A banalização do sexo promovida pela mídia é um risco para o nosso bem-estar físico e mental, pois a repetição nos leva o tempo todo a ouvirmos sexo, enxergarmos sexo, bebermos sexo, calçarmos e vestirmos sexo, comermos sexo; ele está em tudo, e a impressão que se tem é que muitos profissionais da comunicação não conseguem criar nada que não tenha um forte apelo sexual, explícito ou camuflado.

Venenos que curam, remédios que matam...

Sexualidade doentia frustra, deprime e pode até matar. A saturação de apelos sexuais, somada à relação sexual precoce sem maturidade psicológica adequada, está trazendo problemas para a vida das pessoas: orgânicos, mentais, emocionais, afetivos, sociais e de comportamento. A intensa expectativa criada quanto à relação sexual no jovem inexperiente eleva suas expectativas de atingir um êxtase que imaginamos possa ser permanente e que acaba conduzindo a uma decepção.

Pior é o sentimento de culpa gerado pela educação baseada em valores hipócritas que, não raro, vem à tona depois da relação sexual que não tem um forte conteúdo de amor ou doação. A culpa pode levar à castração da sexualidade; daí a proliferação dos remédios para transar mais e melhor como apregoam seus arautos.

Perigo

Sexualidade mais insatisfação resulta numa mistura explosiva.

Tanto trabalho e dinheiro para se produzir e atrair o parceiro para tão pouco retorno leva à insatisfação permanente, ao vício e à compulsão com troca de parceiros na ânsia de sentir o que dizem que deve ser sentido. Logo, a pessoa começa a sentir-se problemática. O efeito da propaganda mais esse estilo de vida bem maluco criou o *fast-food* sexual: na hora do almoço, na saída do trabalho, no escritório.

Só nos pertence o que somos capazes de doar

É vital que deixemos de nos sentir comedores ou devoradores dos outros, pois a energia sexual, além de ter como finalidade a perpetuação da espécie, ainda é uma verdadeira transfusão capaz de harmonizar o campo mental, de manter a saúde e até de contribuir para a cura de certas doenças.

Conduzir essa energia às suas finalidades é algo muito simples e fácil de ser feito: a preocupação com a satisfação das necessidades sexuais deveria ser com a outra parte. No entanto, o que se vê é o extremo interesse apenas pela própria satisfação, que por esse caminho nunca será conseguida.

A maior parte dos problemas relacionados com a sexualidade seria resolvida se a energia liberada na relação sexual fosse uma energia de doação. Essa falha é mais do homem do que da mulher. Nas fases de namoro ou de noivado esse problema não é tão evidente, mas depois passa a ser uma das causas de frustrações e de separações.

Modelos familiares

Temos uma infância prolongada e dependente. Isso tem uma importante finalidade: absorver do meio ambiente o material necessário de experiências para interagir com os arquivos do inconsciente para que a progressão da maturidade psicológica seja acelerada.

Filho de peixe, peixinho é.

Bem ou mal os pais são nossos modelos.

A criança os adota para formar o conjunto das atitudes nos mais variados campos da ação humana, inclusive no terreno da afetividade.

Estudemos (estudar não é julgar nem criticar) quem foi ou ainda é nosso modelo nas relações afetivas. Vale a pena identificar suas atitudes positivas para as melhorarmos ainda mais e as negativas para investir tempo e esforço em mudança.

"Puxou" isso da mãe.

Herdou tal atitude do pai.

Mais correto seria dizer *copiou*. Na infância, quando copiamos atitudes e comportamento, não temos discernimento suficiente para selecionar os aspectos bons dos negativos; simplesmente copiamos. Além disso, ano após ano, a falta de hábito em meditar leva os já adultos a repetir o que mais criticam. Muitas vezes, os que rotulamos como negativo nos outros são projeções de nossas tendências e impulsos – também copiados ou inatos. Exemplo de consultório: uma senhora "muito bem casada" tinha à sua disposição para ser feliz tudo o que sonhava: reconhecimento social, um marido que é "um amor" de criatura, dois belos filhos, dinheiro para satisfazer seus desejos de consumo; no entanto, sentia-se vazia, desmotivada. No relato de seu passado, havia um ponto crucial que a infelicitava: seu pai trocara a família por outra mulher. Ela nunca conseguiu aceitar essa atitude desenvolvendo por ele não apenas mágoa, mas ódio mesmo. Então, de repente, reapareceu em sua vida uma antiga paixão da juventude; insatisfeita com a vida que levava, deixou reacender a antiga chama. Resumindo: optou por trocar a estável vida em família pela paixão, deixando-se levar por alguém instável e meio cigano no sentido de viver aqui e ali. Ela não percebeu que repetiu exatamente o modelo que mais considerava negativo e causa de todos os seus males: a atitude do pai.

Como cada um tem seus motivos, é importante que se diga que não está sendo criticada nem a atitude do pai nem a dela. Mas devemos sim ficar alertas para não repetir as atitudes de nossos modelos tanto positivos quanto negativos de forma inconsciente, sem uma análise mais apurada.

Também é preciso atenção para a lei da relatividade, pois um modelo que consideramos positivo hoje, amanhã pode mostrar-se negativo ou inconveniente.

Sugestão

Preste muita atenção à forma de viver da família da pessoa com quem pretende dividir seu cotidiano. Tudo importa: valores, posturas, falas, atitudes. Não é difícil observar no dia-a-dia seu amor repetindo o que aprendeu dia após dia, exemplo após exemplo. Avalie até onde pode assimilar a forma de ser de seu bem.

Perigo

Não emita julgamentos.

Não critique nem em pensamento.

Afaste a idéia de ser capaz de mudar algo na forma do outro ser.

FORA!

Não cometa o desatino de afastar seu bem-querer da sua família. Antes de fazer besteira: calma!

PERIGO

Caso seu amor tente evitar que conviva ou conheça melhor sua família, fique muito alerta; tente entender os motivos, pois isso é assunto muito sério...

Pense bem, avalie melhor ainda: há indícios de problemas à vista.

DESCUIDAR DA GRATIDÃO

Geralmente aprendemos a ser ingratos com os adultos. Uma das causas é a insatisfação negativa; a outra é a mania de um fazer a tarefa do outro. Os filhos mais ingratos costumam ser os que foram protegidos em demasia; a proteção além da conta à prole é um dos mitos mais fixados em MITOLÂNDIA e um dos componentes na criação dos que usam o sofrer como recurso pedagógico.

EVOLUÇÃO ESPIRITUAL

Devemos desenvolver e treinar sem descanso a gratidão e nada melhor do que nossos pais para servirem de alvo, pois só o fato de terem nos oferecido a oportunidade de nos encontrarmos aqui recomeçando, aprendendo, corrigindo, reparando, já merece todo o nosso respeito e gratidão eternidade afora.

Quem é ingrato com pai e mãe bom sujeito ainda não é.

Se nos relacionamos com alguém que não gosta dos pais ou não consegue expressar gratidão e carinho para com eles, pior será conosco. Claro que a forma pouco consciente como levamos a vida faz com que, em certas fases dela, encaremos os pais como adversários de nossos mais secretos interesses. Muitos apregoam o que não são. Cobram, exigem, impõem limites, mas fazem o contrário, sem perceber. Mesmo isso não serve de desculpa nem de justificativa para a ingratidão.

Sugestão

Verbalize a gratidão a tudo e a todos. Prove nos seus sentimentos. Materialize a atitude de ser grato nas suas atitudes. Mas se a vida colocá-lo para educar criaturas ingratas, prepare-se...

Segunda fase

Ninguém me ama, ninguém me quer...

Sentir-se mal amado

"Sonho meu, vai buscar quem mora longe, sonho meu", diz a canção. "Diga que já não me quer; negue que me pertenceu; e eu mostro a boca molhada", diz outra.

Cantamos com maestria o ato de sermos bem ou mal amados, aceitos ou abandonados. Mas antes de declarar que sou mal amado devo perguntar a mim mesmo: o que é o amor? Alguém me ama hoje, quem garante que continuará a fazê-lo amanhã? Podemos estabelecer contratos de casamento em cartório, mas jamais podemos estabelecer vínculos de amor eternidade afora se não os fundamentarmos na verdade. O amor não conhece a lei dos homens, apenas sabe de si mesmo.

O medo de não sermos amados é tão grande que nos paralisa. Esse engano deve-se à crença de amor eterno durante uma existência finita. Devemos recriar o conceito para outro mais próximo da realidade: amor é incerteza. Aprender a amar consiste em ter coragem para aventurar-se no desconhecido, mas com inteligência, a partir de uma consciência meditativa. Sob essa ótica é possível que nossas experiências possam tornar-se mais produtivas.

Alerta

Antes de saborear o amor, é preciso aprender com a solidão.

Se tudo fosse seguro, certo, garantido, predestinado, não haveria nenhuma emoção nem amor.

Quando me sentirei amado? Quando amar. Tudo que armazeno não me pertence. Tudo que distribuo retorna para mim.

Sugestão

Muitos são os enganos que cometemos no amor, e o principal deles é querer de volta o que não oferecemos.

Avaliemos alguns pequenos descuidos que se tornam grandes problemas ao longo do tempo: todos querem distância de pessoas depressivas, "baixo astral".

"Ninguém merece essa criatura"

Quando usamos essa frase no dia-a-dia não paramos para pensar o que realmente significa ser aquela "mala" que ninguém merece carregar. Então me pergunto: o que está do outro lado da moeda? E do outro lado do espelho? Como sou visto?

Quantas vezes por dia recebo esta avaliação: "Ninguém merece essa criatura"? Como vejo as pessoas que apenas trazem consigo energias negativas, queixas e reclamações? E eu? Que postura gosto de adotar? Sou uma "mala-sem-alça"? Uma criatura que ninguém merece? O que fazer para mudar? Caso o diagnóstico seja positivo, a solução é simples: basta cultivar o bom e inteligente humor e o riso franco. São recursos que sempre dão resultados e até costumam renovar a vida.

Pessoas úteis e solidárias não conseguem ficar sozinhas

Os que aprenderam a dividir seus momentos alegres com as outras pessoas nunca estarão sós. São candidatos a receberem mestres de ESPÍRITOS para guiá-los. Cá entre nós, o que vamos compartilhar entre os jogadores do game é um problema a ser resolvido por meio da inteligência de cada um e a de todos... Quais são nossos assuntos prediletos: queixas, azedumes, críticas? Nunca deixemos que o medo de ficarmos sós nos leve a criarmos relações afetivas com qualquer um ao nosso lado.

Fora!

Negativo, opressivo, vá com Deus. Quero ver como aceita me ver tão feliz, mas à distância.

As pessoas certas estão sempre à disposição

Se acreditarmos que somos pessoa problemática, a saída é procurar nos tornar simples e alegres. Como fazer? Basta nos encararmos com realismo. Receita? Não há.

Cultivar o bom humor

Todo mundo adora estar por perto de pessoas alegres e bem-humoradas. Isso traz saúde afetiva. Mau humor crônico é doença contagiosa que todos tendem a evitar por instinto.

Pare de me perseguir!

Não seja problemático. "Chicletes humanos" são sempre mal recebidos; em especial os mal-humorados, depressivos, angustiados... "Quem os merece?", perguntamos-nos.

Pause

E eu, o que sou?

Na dúvida, sorria, procure ser bem-humorado, de bem com a vida. As pessoas sadias tendem a fugir do baixo astral, daquela pessoa de mal com a vida e que culpa sem cessar o destino quando ele não lhe sorri, e não vai sorrir tão cedo. Caso não haja esforço para mudar ou para sintonizar alegria. Procure rir de si mesmo, não se leve muito a sério.

Alerta

Caso tenha arranjado uma companhia complicada, problemática, instável e que não sabe muito bem o que quer na vida, prepare-se para desenvolver muita paciência, tolerância, compreensão. Caso não se sinta à altura do desafio, é melhor desistir, procurar respirar outros ares antes que o nó fique mais apertado. Mas cuidado para não se tornar aquele ser que abandona compromissos assumidos, o qual "ninguém merece".

Sugestão

Aceite-se como é. Viva a sua vida tal e qual ela é. Não como desejaria que ela fosse – e não viva segundo os valores impostos por outras pessoas. Mas não se conforme jamais. Se sua vida é triste e sem graça, alegre-a e dê-lhe novo colorido; você é capaz, acredite. Determine seus próprios valores e regras de viver – claro que dentro das regras do jogo.

Quem consegue amar alguém que não se ama? Só Deus...

Amar a Deus e ao próximo
como a si mesmo

Quem não gosta de si mesmo porque é alto, baixo, magro, gordo ou quaisquer outras características está se candidatando a receber "tapinhas" de consolo nas costas. Esses afagos costumam doer mais na alma do que as bordoadas dos inimigos.

Se não tenho amor-próprio quem vai gostar de mim? Quem não se ama muito menos conseguirá amar alguém. Quem encontra tantos defeitos em si mesmo, o que não dirá de outras pessoas? A aceitação de quem e como somos é o primeiro passo a dar em busca da paz, da alegria e da felicidade. É certo que sempre podemos melhorar a nossa aparência, o que até ajuda a desenvolver a criatividade. Mas que a vaidade não nos tire muito tempo, nem recursos.

Alerta

Cuidar do visual mental, emocional é mais inteligente do que apenas preocupar-se com a aparência física. Mas tudo tem seu limite. Evitemos os exageros e o culto à própria personalidade.

Fiquemos alertas para aceitar nossas características e limitações sem tentar vender ao público uma imagem falsa, pois essa atitude sempre leva ao GAME OVER e prejudica relações afetivas de qualquer tipo.

Sugestão

Aprenda a reforçar suas melhores características pessoais (escolhidas por você mesmo para atingir seus objetivos) para sair-se bem neste jogo. Cuidado para não seguir tendências ditadas por mentes externas. Deixe de viver na MITOLÂNDIA, abandone o sistema de vida de COBAIA.

Que tal um PAUSE?

Suas glândulas, especialmente a hipófise e a tireóide, agradecem. Seu metabolismo também. Cuidado com a auto-estima: se em baixa, pode ajudar a criar várias doenças.

Cuidado: perigo!

Aceitar-se tem pouco a ver com conformar-se.

A aceitação implica atividade – o desejo de reformar-se – e conformar-se sinaliza inércia. Cuidado!

Não se cuidar nem se respeitar

O que é cuidar-se? O que é respeitar-se? O raciocínio crítico pouco desenvolvido favorece erros de interpretação de situações básicas no jogo da vida. Coisas como aprender a diferenciar o que seja cuidar da saúde e tratar doenças. Ouvimos muitas pessoas dizendo: estou cuidando da saúde, vou com regularidade ao médico, faço todos os exames, tomo os medicamentos. Na realidade, cuidar da saúde seria algo bem diferente: mudar hábitos, eliminar vícios, ajustar a personalidade e o comportamento.

Devemos ter cuidado com os candidatos a nosso bem que atropelam a existência e extrapolam seus próprios limites, pois provavelmente não temos soberania afetiva para aceitar uma viuvez precoce. Na outra ponta do problema, cuidado com aqueles que usam a doença para nos controlar.

Fora!

Se exagero na alimentação ou não me alimento de acordo com minhas necessidades, bebo, fumo, uso droga, tenho uma vida sedentária – se não consigo cuidar nem da minha pessoa – o que será daqueles que estiverem sob minha responsabilidade?

Sugestão

Cuidado e respeito próprios obrigatoriamente devem começar pelo corpo, pois sem ele estamos impedidos de aprender a amar. Sem ele, não existirão os jogos de amor.

O que é cuidar do corpo?

Será apenas se preocupar com o visual? Fazer exames? Tomar remédios? É claro que não! Cuidar do organismo acima de tudo é ouvir o que ele tem a dizer, pois o corpo fala. Nem sempre consegue fazer-se ouvir, então berra, esperneia manifestando a dor, a inflamação... Quando nessas ocasiões tomamos um remédio, é como se disséssemos a ele: "cala a boca que não te perguntei nada!"

Sugestão

Ninguém merece viver ao lado de um hipocondríaco, uma pessoa que se enche de remédios. Muitas pessoas são pouco responsáveis ao afirmar que bebem e fumam para encurtar a vida e não dar trabalho a ninguém. Nesse caso, mais uma vez nos perguntamos: como ficam aqueles que dependem deles – financeira e afetivamente? O que será deles?

Alerta

Cansou de ouvir que o corpo fala? Nunca é demais prestar atenção ao seu próprio corpo. Ouça: ele fala por intermédio de suas reações. Caso pretenda ignorá-lo, prepare-se para, mais cedo ou mais tarde, sofrer dolorosas conseqüências...

Criar demasiadas expectativas

"Vem, meu menino vadio.
Vem, sem mentir pra você.
Vem, mas vem sem fantasia.

Que da noite pro dia
Você não vai crescer
Vem, por favor não evites
Meu amor, meus convites
Minha dor, meus apelos
Vou te envolver nos cabelos
Vem perder-te em meus braços
Pelo amor de Deus
Vem que eu te quero fraco
Vem que eu te quero tolo
Vem que eu te quero todo meu
Ah, eu quero te dizer
Que o instante de te ver
Custou tanto penar
Não vou me arrepender
Só vim te convencer
Que eu vim pra não morrer
De tanto te esperar
Eu quero te contar
Das chuvas que apanhei
Das noites que varei
No escuro a te buscar
Eu quero te mostrar
As marcas que ganhei
Nas lutas contra o rei
Nas discussões com Deus
E agora que cheguei

Eu quero a recompensa
Eu quero a prenda imensa
Dos carinhos teus".

(CHICO BUARQUE – SEM FANTASIA)

Muitas canções que nos ajudam a sentir a "dor de cotovelo" – algo como amar sem ser amado – quando nosso bem foi embora e nos deixou na solidão, guardam em si mesmas a realidade e até a verdade escondida em belos versos, como disse a letra da canção. A expectativa que devemos criar numa relação é oferecer ao outro tudo o que de melhor possuímos, sem esperar nenhum tipo de retribuição. Claro que até o limite da nossa compreensão e capacidade. É bom aprender a fazer isso desde o início da relação, antes que se instalem em nós mágoas, decepções, ressentimentos, desejos de vingança. Falsas expectativas nos frustram, atrapalhamo-nos muito com elas.

SUGESTÃO

Não confundir comodismo com desprendimento. O desprendimento é um dos facilitadores que nos ajudam a lidar melhor com as expectativas criadas pelas pessoas que compartilham nossa existência. Não queira ser o que não é. Aprenda a valorizar suas qualidades. Todos nós, cada um do seu jeito e estilo, temos nossa própria beleza. Não permita que os padrões de beleza e de comportamento do momento comandem sua vida.

IGNORAR A IMPORTÂNCIA DO TEMPO

Muita gente que cruza nosso destino tem dificuldades em viver no dia de hoje. Vivem no ontem ou projetam-se no futuro. Caso os desejemos ao nosso lado, vale a pena tentar trazê-los para compartilhar o presente. Ontem é um tempo que não existe mais. Amanhã é um tempo que não existe ainda. São ilusões. A percepção do tempo pode tornar-se um grande problema para a compreensão da realidade, que é o presente. A ilusão é o passado e o futuro. Aprendamos a separá-las para compreendermos a vida – não custa tentar.

Podemos apenas viver um tempo de cada vez. Vivamos cada dia como se fosse o último da existência, mas façamos isso com inteligência e discernimento. Na rede do tempo, hoje estamos às voltas com as conseqüências das escolhas do ontem. No presente, estamos fazendo as escolhas que ditarão nosso dia de amanhã.

À ESPERA DE UM SINAL DOS CÉUS

Pensar, refletir, não significa necessariamente ficar paralisado. Deve ser constrangedor viver muitos anos e descobrir que, na realidade, vivemos poucos meses verdadeiramente, pois fugimos de várias vivências. Experimentar é viver. Fugir da experiência é deixar de viver. Pensar e criar é vida, deixar de fazê-lo é um tipo de morte.

Quem pensa, reflete, busca, tenta, acerta ou erra está bem vivo. Muitos são os fatores que nos impedem de viver a realidade numa relação afetiva: medo de ser rejeitado ou de não saber o que fazer; insegurança íntima, projeção de relacionamentos familiares que não deram certo e que assumimos como modelo, e a mídia.

Libertar-se desses medos faz a diferença, pois para transformar sonhos em realidade é preciso colocar a situação no presente e agir com inteligência.

Sugestão

Nunca viva de lembranças do passado. Não viva na esperança de encontrar um amor no futuro. Essa atitude nos condena a não usufruir da vida. Corremos o risco de perder o que está bem ao nosso alcance, apenas porque acreditávamos que só o alcançaríamos no amanhã. O verdadeiro amor pode estar ao nosso lado neste mesmo instante...

Falta de clareza nos objetivos

"Hoje eu ouço as canções que você fez pra mim
Não sei por que razão tudo mudou assim
Ficaram as canções; e você não ficou
Esqueceu de tanta coisa que um dia me falou
Tanta coisa que somente entre nós dois ficou
Eu acho que você já nem se lembra mais
É tão difícil olhar o mundo e ver
O que ainda existe
Pois sem você meu mundo é diferente
Minha alegria é triste
Quantas vezes você disse que me amava tanto

Quantas vezes eu enxuguei o seu pranto
E agora eu choro só sem ter você aqui
Esqueceu de tanta coisa que um dia me falou
Tanta coisa que somente entre nós dois ficou
Eu acho que você já nem se lembra mais
É tão difícil olhar o mundo e ver
O que ainda existe
Pois sem você meu mundo é diferente
Minha alegria é triste
Quantas vezes você disse que me amava tanto
Quantas vezes eu enxuguei o seu pranto
E agora eu choro só sem ter você aqui."

(ROBERTO CARLOS – AS CANÇÕES QUE VOCÊ FEZ PRA MIM)

Quando acreditamos que podemos conquistar algo ou alguém devemos ter clareza dos motivos e do que fazer depois. Se não tivermos uma idéia definida das reais intenções que nos impelem a buscar uma ligação mais profunda e duradoura com alguém, o melhor a fazer é dar um tempo a nós mesmos para descobrir o que pretendemos de verdade. Quem usa as pessoas para satisfazer seus interesses é continuamente descartado em todos os sentidos da vida. Nada fica ao acaso. Tudo tem seu custo e o preço a pagar por um descuido pode ir além das nossas possibilidades.

SUGESTÃO

Depressão, desânimo e pânico apresentam uma relação muito forte com a falta de clareza nos objetivos. Seja na busca pela realização material ou pela felicidade afetiva. Muitas vezes nos desgastamos para realizar nosso sonho de consumo e depois que o obtemos continuamos mais insatisfeitos ainda... Claro que essa reação traz consigo a angústia decorrente da nítida sensação de perda de tempo e de energia.

Alerta

O que fazer com nossas conquistas é uma das chaves do sucesso neste game. Se continuarmos brincando com os sentimentos e a vida das pessoas, é GAME OVER de novo e sempre...

Excluir novas possibilidades

Ou esta ou nenhuma. Até quando? Quem impõe muitas condições para encontrar a pessoa mais adequada para amar cria muitas expectativas e conseqüentemente tem mais chance de frustrar-se do que aqueles mais abertos a novas possibilidades (até certo limite, é claro). Idealizar demais alguém para dividir a existência (para os que gostam de pensar grande até a eternidade) exclui outras pessoas que possam aparecer e o GAME OVER é quase fatal.

O pior é que impomos condições que envolvem preconceitos para encontrar nossa cara-metade e com esse tipo de atitude criamos empecilhos à própria felicidade – um atrás do outro. Cuidado com a exclusão: quem exclui um dia também poderá ser excluído...

Sugestão

Fique esperto com uma armadilha, o paradigma "querer é poder". É preciso "saber querer" para que novas possibilidades, mais saudáveis e prazerosas, apresentem-se diante de nós. Quem não sabe o que quer, recebe o que não quer...

Alerta

Vale a pena repetir que o amor e a felicidade não se subordinam às convenções humanas nem a desejos mal elaborados.

Ouvir os gritos de alerta do parceiro

"Primeiro você me azucrina, me entorta a cabeça
Me bota na boca um gosto amargo de fel
Depois vem chorando desculpas, assim meio pedindo
Querendo ganhar um bocado de mel
Não vê que então eu me rasgo. E
Engasgo, engulo, reflito, estendo
E assim nossa vida é um rio secando
As pedras cortando, e eu vou perguntando: até quando?
São tantas coisinhas miúdas, roendo, comendo
Amassando aos poucos com o nosso ideal
São frases perdidas num mundo de gritos e gestos
Num jogo de culpa que faz tanto mal
Não quero a razão pois eu sei o quanto estou errada
E, o quanto já fiz destruir
Só sinto no ar o momento em que o copo está cheio
E que já não dá mais pra engolir

* Veja bem, nosso caso é uma porta entreaberta
Eu busquei a palavra mais certa
Vê se entende o meu grito de alerta
Veja bem, é o amor agitando meu coração
E, há um lado carente dizendo que sim
E, essa vida da gente gritando que não..."

(CHICO BUARQUE – GRITO DE ALERTA)

Devido à falta de experiência no diálogo, sentimos dificuldade para expressar as frustrações nos relacionamentos e guardamos em nosso íntimo mágoas e ressentimentos. Prestemos atenção aos gritos de alerta do parceiro nas mais diversas atitudes do dia-a-dia. Perdemos a companhia de pessoas especiais apenas por nos fazer surdos aos seus gritos de alerta. Vale a pena prestar atenção. Pois nem sempre quando você me reencontrar, já me encontrará refeito, remoçado. Qual álibi usará? Seus olhos lacrimejam? E daí? Quais são os seus desejos? Perdoar é possível, recomeçar é mais complicado.

COMO EVITAR DECEPÇÕES

"Eu sei que eu tenho um jeito meio estúpido de ser
E de dizer coisas que podem magoar e te ofender
Mas cada um tem o seu jeito
Todo próprio de amar e de se defender
Você me acusa e só me preocupa
Agrava mais e mais a minha culpa
E eu faço e desfaço, contrafeito

O meu defeito é te amar demais
Palavras são palavras e a gente nem percebe
O que disse sem querer e o que deixou pra depois
Mas o importante é perceber que a nossa vida em comum
Depende só e unicamente de nós dois
Eu tento achar um jeito pra explicar
Você bem que podia me aceitar
Eu sei que eu tenho um jeito meio estúpido de ser
Mas é assim que eu sei te amar
Palavras são palavras e a gente nem percebe
O que disse sem querer e o que deixou pra depois
Mas o importante é perceber que a nossa vida em comum
Depende só e unicamente de nós dois
Eu tento achar um jeito pra explicar
Você bem que podia me aceitar
Eu sei que eu tenho um jeito meio estúpido de ser
Mas é assim que eu sei te amar."

(ROBERTO CARLOS – UM JEITO ESTÚPIDO DE TE AMAR)

Excelentes são os autores que nos envolvem com o seu jeito de ver a existência e a relação a dois. Mas como fomos educados para viver o jogo da vida sem parar para pensar, não analisamos a fundo as letras musicais e não aprendemos com elas...

COMO ERA DE COSTUME: OBEDECI...

Repetindo: esse jogo embora pareça fácil, em verdade, deve tornar-se cada vez mais complicado, pois já entramos na disputa com ele em andamento. A explicação para aqueles que acreditam em vidas passadas e na Lei de Ação e Reação, o entendimento é mais simples. Claro que pode ser útil partir da premissa de que algumas pessoas, com as quais nos relacionamos, podem ser partes de nossas relações do passado. Devemos identificá-las, para os devidos ajustes, o que exige treino e discernimento. Essa forma de ver as coisas pode ajudar a entender a razão pelas quais muitos vivem ressabiados. Parecem gatos escaldados quando diante de relacionamentos que exijam o comprometimento.

Estamos deixando de acreditar no "juntos até que a morte os separe". Juntos na alegria e na tristeza, na saúde e na doença. Qual a razão desse descrédito? Às percepções que trazemos no inconsciente, experiências frustrantes que já vivenciamos, somam-se ainda os traumas e as armadilhas dos nossos dias, que tanto prejudicam nossa concepção sadia de relacionamento afetivo.

Nesta fase, a dúvida entre namorar e "ficar" é reforçada pelas ocorrências do dia-a-dia na vida a dois e nas relações familiares. O medo de não ser feliz, de as coisas não darem certo faz com que muitas pessoas fujam dos compromissos. São configurações mentais que criamos segundo experiências pessoais ou observações da vivência de outras pessoas. Isso é bom ou ruim? Tira o encanto dos jogos de amor? Depende.

Para nos livrarmos de uma visão preconcebida que afugenta o amor, as ações são aquelas que já conhecemos: observar, analisar, discernir, escolher e arcar com as conseqüências, atuar como ser humano experiente que sabe evitar as armadilhas...

Não incorporar modelos malsucedidos

Distantes da realidade, continuamos no mundo da fantasia, levamos a vida entre tapas e beijos. Quando jovens, o que depende do ambiente em que fomos criados, interpretamos a relação familiar como um modelo de amor. E, se nossos pais costumavam discutir, brigar, encaramos como um modelo malsucedido, dizemos que são infantis, controladores, chantagistas e que esqueceram de amadurecer. Filhos julgando os pais imaturos. Haverá explicação para tal distúrbio da evolução?

Que fiz para nascer no meio nesta família?

Mais adequado seria perguntar: o que fiz de errado no LOVE GAME para estar junto desses familiares? Um dia, lá no passado bem distante ou mais próximo, quem sabe, esquecemos de cumprir as regras do jogo. Escolhemos não usar a inteligência, a vontade, o conhecimento e o trabalho. Talvez pela indolência ou pelo medo de arcar com as responsabilidades. Daí, nossa vida passou a sofrer os efeitos colaterais dessas escolhas.

Quase sempre, apenas reajustamos nosso padrão de atitudes quando somos pressionados a fugir do sofrimento. É quando nos preocupamos em nos desviar das bombas que vêm em nossa direção. Desse modo, entregues à ação da sorte e do destino, nossos defeitos de caráter servem de ferramenta para desgastar os dos outros até que alguém perceba que essa forma de progredir é muito sofrida. Esse é o motivo que nos leva a acharmos nossos familiares pessoas indesejáveis e que nos contrariam.

Somente ao avançarmos na direção da compreensão, do entendimento, do afeto, da alegria, do respeito, seremos capazes de olhar nossa família com bons olhos.

Observemos nossos pais

Façamos isso com cuidado, com a suavidade que pede o amor. Sem críticas nem recriminações, pois provavelmente repetiremos o mesmo padrão de comportamento no futuro se não mudarmos hoje nossas atitudes. Vale a pena espiar também como funcionam as relações familiares de pessoas conhecidas, apenas com a intenção de aprender. Incorporar a nós o que é bom e evitar repetir aquilo que não oferta bons frutos. Vejamos se há coincidências entre nossa forma de ser e a delas. Usemos a inteligência para reformar para melhor os modelos que copiamos. Cuidado com as projeções e não generalizemos. Não é porque nossos pais não têm um relacionamento correto ou amoroso que o mesmo vai acontecer conosco. Cuidado para não repetir os mesmos padrões!

Sugestão

Aperte a tecla EMPATIA. Sempre que discordar da postura de outras pessoas, tente colocar-se no lugar delas, mas não as meça com a própria régua em se tratando de cultura e forma de ver o mundo. Considere se não atuaria da mesma maneira se estivesse exatamente no lugar delas. A tolerância é uma das chaves que abre as portas para a felicidade.

Aprender com experiências frustrantes

Não existe frustração sem expectativa. O problema da frustração é a esperança de ocorrências que irão nos beneficiar fora do contexto em que vivemos. Acrescenta-se a essa atitude a de esperar sem antes decidir, sem pensar, sem discernir. A maior vítima da frustração é aquele que pensa pouco, o sonhador novelesco que cria objetivos fora da sua realidade, ou aquele que permite aos outros ou à MÍDIA criarem para si expectativas de realizações e felicidade além de suas possibilidades.

É melhor não esperar nada

Não alimentar expectativas não vai tornar a vida sem graça; ao contrário, vai desenvolver a capacidade de doação – o que é uma virtude – que, de retorno, sempre vai nos trazer o que mais necessitamos. Precisamos entender essa lei da vida. Não devemos alimentar a esperança de que os outros nos façam felizes, simplesmente porque isso não é possível. Nenhum de nós está capacitado a felicitar alguém o tempo todo. Como já foi dito e repetido, a felicidade mais duradoura sempre se encontra na intimidade compartilhada. Quando se vive na expectativa de que alguém vai nos fazer felizes, a sucessão de experiências frustrantes pode levar ao retraimento doentio, à depressão.

É preciso que fique claro: não criar ilusões em relação à felicidade que as outras pessoas possam nos proporcionar não é desalento diante da vida; é atitude consciente de manter o coração e a mente aberta às experiências afetivas, sabendo de antemão que todos somos limitados, que os reveses nos ajudam a evoluir. A armadilha das fantasias nos paralisa, pois esperamos a mesma coisa uns dos outros e ninguém se movimenta para tornar os sonhos em realidade...

Para ilustrar: espero que determinada pessoa me faça feliz, e ela por sua vez espera a mesma coisa de mim. E ficamos ambos a esperar, passivamente, que o outro dê o primeiro passo. Nenhum dos dois toma a iniciativa de doar-se. Outro descuido revela-se quando esperamos imediato reconhecimento e retribuição da pessoa a quem dedicamos nosso afeto, esquecidos da regra básica que diz para aceitar o outro como ele é...

Agradar como meta

Prestemos atenção: satisfazer alguém é uma lenta e trabalhosa construção. Querer agradar alguém como meta nos faz correr o risco de atrapalhar a evolução do outro... Depois, ficamos na expectativa de receber o reconhecimento e gratidão que não virão com certeza, pois o outro naturalmente acomodou-se... Vê o nosso carinho como uma obrigação assumida na repetição dia após dia. Experimentemos de uma hora para outra mudar de atitude. Seremos cobrados, recriminados... Qual a solução? É simples: basta aprender a viver um dia depois do outro e a vivenciar cada oportunidade que se apresenta para estudar as pessoas, servi-las, ampará-las, cuidar delas de preferência sem que o saibam, sempre de forma consciente – "Que a mão direita não saiba o que a esquerda faz", ensinou Jesus...

Aprenda a dizer não

É uma arte que exige inteligência e amor. Quando a interação é direta, é preciso dizer sim e não com absoluta clareza. Se não sabemos negar com clareza, tornamo-nos um foco de problemas para nós mesmos e para os outros. Acumularemos cargas que fatalmente nos farão tombar ao longo da nossa caminhada.

Sugestão

Aprenda que a vitória nos jogos de amor exige busca e trabalho. Um dos primeiros passos para atingir o amor incondicional é aprender a amar a todos, sem esperar a devolução do mesmo sentimento. Amar depende apenas de nós: somos felizes enquanto amamos alguém. Ser amado depende do outro. Quem disse que o outro vai nos fazer feliz o tempo todo?

Quem não arrisca...

Quem passa a vez de jogar vai para o fim da fila. Quem fica num eterno PAUSE e não se arrisca a participar do jogo não sentirá nem o gosto da vitória nem o da derrota. Na realidade neste game ninguém vai ganhar ou perder se as regras básicas forem cumpridas. Se demos o melhor de nós e a outra parte não quis, o problema não é nosso, mas sim de quem recusou nosso amor.

Tente de novo

Não é aconselhável viver ancorado em situações felizes ou menos felizes do passado, muito menos viver a expectativa de futuro. O mais sábio a fazer é viver intensamente e com inteligência o momento presente. Tente quantas vezes for necessário, até a exaustão.

Sugestão

Na dúvida sobre o que fazer: aprenda a amar a oportunidade de oferecer a algo ou a alguém o seu melhor. Busque experimentar a vida, o que não significa sair por aí aproveitando-se do sentimento das pessoas.

Questão

Quem nunca experimentou a dor nem sobrepujou a frustração, passou pela vida e não viveu. Que gosto tem o mel para quem nunca sentiu o gosto do fel? Experimentar é preciso. Vamos jogar!

Terceira fase

Encontrei! E agora, o que faço?
Como saber se é amor ou paixão?

Estou interessado em alguém. Como posso descobrir se o que estou sentindo é o amor de verdade? Posso dizer a essa pessoa ou dela escutar: "Meu amor!", "Eu te amo!", sem banalizar o sentido da expressão?

É O AMOR?

O primeiro passo para descobrir se estamos amando de verdade é entender o que é o amor. O amor possui infinitas formas de se expressar segundo a maturidade afetiva de cada um, compatível com o momento e o ambiente em que vivemos.

Um bom começo é dialogar consigo mesmo para tentar encontrar respostas com o objetivo de que fique claro o tipo de sentimento que estamos sentindo.

Questionamento

– Que tipo de sensações percebo quando estou próximo ou penso na pessoa? Enternecimento ou apenas sensação do tipo desejo sexual?

– Este sentimento surgiu à primeira vista?

– Quais são as minhas intenções?

– Existe a preocupação se meu amor vai ser retribuído?

– Tento fazer algo para que possa ser também amado?

– De que forma expresso a essa pessoa meu sentimento?

– É um amor secreto?

– É amor ou é paixão?

Posse

Nosso comportamento é caracterizado pelo desejo de competir, conquistar, possuir e ostentar. Devemos admitir que ainda não conhecemos o amor na sua plenitude. Aceitar isso já é um bom começo para criar laços afetivos alegres e saudáveis.

Amar é um longo aprendizado

Não existe amor à primeira vista: isso é paixão ou forte atração sexual e quase sempre dura pouco se não evoluir e não houver respeito. Isso é coisa de COBAIA. Uma das maiores conquistas dos jogos do amor é transformar paixão em amor. O amor resiste ao tempo e a todas as provas e dificuldades que a vida possa reservar. Como as experiências que se vivenciam em ESPÍRITOS.

Não existe amor secreto

O amor se expressa em pensamentos, gestos, palavras e atitudes. Se não é expresso, não é amor. Pessoas que amam escondido são problemas à espera de solução psicológica. Se não manifestamos nosso afeto, se amamos alguém em segredo, devemos buscar ajuda: acobertar os sentimentos pode nos trazer conseqüências negativas.

O amor não precisa de retribuição

Quem ama não precisa buscar ser amado. Acreditar que o amor para se expressar e crescer precisa ser retribuído é uma concepção errônea, egoísta. Esse pensamento cria manifestações do tipo: "Preciso de você" em lugar do "Eu o amo, o que posso fazer por você?", "Em que posso servi-lo?". O amor que exige troca é mero desejo de explorar o próximo para obter vantagens sob o disfarce do querer bem. Outras vezes é o sentimento da conquista sobre a fraqueza alheia.

Alerta

Quem ama dessa forma costuma criar a necessidade de ser elogiado, admirado. E até de sair por aí desfilando com o objeto da sua conquista. A felicidade real, porém, não consiste em ser amado, mas em amar. Com o passar do tempo, esse falso amor, com a diminuição das sensações e dos impulsos, revela um fundo hostil que sempre esteve presente e que depois poderá gerar ódio e ressentimento.

Amar exige reflexão

Apenas quem reflete bem é capaz de procurar princípios sólidos e duradouros para regular o seu modo de querer. O desejo de progredir, o cuidado e o respeito que temos por nós mesmos é a prova de nos amarmos, daí é que procede a máxima de amar ao próximo como a nós mesmos. Esse amor deve traduzir-se em esforço próprio, em autoconhecimento e autoeducação. O amor aos outros sempre começa pelo amor que sentimos por nós mesmos.

Amor é trabalho

Amor é preocupação ativa pela vida e pelo progresso daquele que amamos. A essência do amor é trabalhar em favor de algo ou de alguém e fazer alguma coisa desenvolver-se e embelezar-se. Amor e trabalho são inseparáveis, pois quem ama cuida. Ama-se aquilo por que se trabalha e trabalha-se por aquilo por que se ama.

Amor é responsabilidade

Estamos habituados a entender a responsabilidade como dever, algo imposto de fora por alguém. No entanto, em seu verdadeiro sentido a responsabilidade é inteiramente voluntária: são o conjunto de respostas que damos às necessidades expressas de outro ser humano. Ser responsável significa ter de responder, estar pronto para isso. A pessoa que ama responde, sente-se responsável pela pessoa que ama como sente igual preocupação por si mesma sem manifestar cobranças.

Amor é respeito

A responsabilidade poderia facilmente corromper-se em dominação e possessividade se não houvesse outro componente do amor, que é o respeito – a capacidade de aceitar uma pessoa tal e qual ela é. Ter conhecimento de sua individualidade e preocupar-se em que se desenvolva de acordo com suas possibilidades. Não é possível respeitar alguém sem conhecê-lo. Cuidado e responsabilidade seriam cegos se não fossem guiados pelo conhecimento, que seria vazio sem a preocupação. O amor que uma mãe sente por seu filho é considerado o mais sublime dos sentimentos.

Deixamos ainda muito a desejar na compreensão e na vivência do que seja realmente o amor. O amor de mãe ainda é um paradoxo de muitas frases prontas e contraditórias – "Mãe só existe uma". Mas dizem as más línguas que só existe uma somente porque ninguém agüentaria ter duas mães a nos controlar...

Sugestão

Analise seus sentimentos com relação à sua mãe. São ainda muito contraditórios, não são? Dependem do momento. Ao ansiarmos por uma situação prazerosa que ela tenta sabotar ou desejamos a liberdade que ela quer controlar, a mãe é uma ditadora... Se infelizes e sofredores por qualquer motivo, é ela que nos vem ao pensamento como nosso porto seguro e nossa salvadora, aquela pessoa que nos aceita e compreende sem impor condições....

O AMOR É APRENDIZADO

Exatamente como todas as nossas potencialidades, o amor é um sentimento aprendido passo a passo. Não é uma coisa que se conquista num estalar de dedos nem pode ser negociado ou comprado. Tanto isso é verdade que raras são as pessoas que amam de fato. Boa parte acha que possuir ou parecer dono é amar.

SERÁ PAIXÃO?

Sonhamos em nos apaixonar. Isso é fato. A maior parte de nós já teve ou ainda acalenta esse maravilhoso sonho da MITOLÂNDIA. E adoramos que alguém se apaixone por nós, sem atinar para o significado da palavra. E já vimos o poder que as palavras têm sobre a nossa vida e nosso destino. Uma ida ao dicionário ajuda. Entre outros significados, o significado da paixão é "afeto dominador e cego; obsessão"; "atividade, hábito ou vício dominador"; "sentimento ou emoção levados a um alto grau de intensidade, sobrepondo-se à lucidez e à razão", conforme o dicionário Aurélio (Rio de Janeiro: Editora Nova Fronteira).

PAIXÃO É DESCONTROLE

Nossa personalidade é constituída de instinto, razão e emoção. A paixão, muitas vezes, é uma emoção descontrolada, ampliada, que pode ser capaz de sufocar, até de matar. Sob o domínio da paixão, o ser humano perpetrou e continuará a perpetrar muitos desatinos até assimilar o amor na sua essência. Como representantes de MULA, já cometemos esses disparates.

O amor, essa poderosa força emocional, deve ser canalizada pela razão. A inteligência pode transformar paixão em amor. Quando nos apaixonamos, é preciso dedicar mais tempo à reflexão, até para que não percamos o objeto de nossa paixão. Pois ninguém suporta por muito tempo ter ao seu lado uma pessoa apaixonada, sufocando e tentando controlar sua vida.

Sugestão

Não nos alegremos muito quando alguém estiver apaixonado por nós, isso pode significar encrenca à vista, problema sério...

A paixão descontrolada é um tipo de obsessão capaz de desarmonizar nossa vida íntima e social. A pessoa apaixonada, sem perceber, pode sugar nossa energia, desgastar nosso ânimo. Lembremo-nos: é difícil conviver com uma pessoa apaixonada por muito tempo. Ela tende a se tornar ciumenta e inconveniente, cobra a nossa presença e atenção o tempo todo.

Quarta fase

Como segurar esse amor?

Segurar para quê?
Como se sustentam nossas relações afetivas?
Quem deseja estar seguro?
Segurança é felicidade?
Quem deseja ser conquistado?
Qual o valor da liberdade?
Quem quer estar seguro como objeto da felicidade alheia?
O que fazer para manter alguém ao nosso lado?
Qual o preço a pagar?
Como e com que forças asseguro minha cara-metade?

EDUCAÇÃO AFETIVA

A conquista da liberdade afetiva exige o desenvolvimento da capacidade de discernir baseada na ética e na responsabilidade.

Passada a fase inicial de encantamento, manter aceso o interesse pela outra pessoa e vice-versa é uma tarefa que exige de nós mais do que estamos dispostos a oferecer. Normalmente, entre os habitantes de MITOLÂNDIA, é o que acontece...

De geração em geração, nossa educação tem sido deficiente quanto aos valores éticos. Lógico que isso iria afetar as relações afetivas nos transmutando em habitantes de COBAIA.

Para que nossa ética esteja alinhada no game às leis da evolução, um bom recurso é desenvolver o hábito da meditação.

Se ainda não criamos nosso momento íntimo para meditar sobre a qualidade dos vínculos afetivos que estamos fazendo, saibamos que nossa paz vai depender da adoção desse procedimento, pois a vida não aceita reclamações, mas reparações. Danificou, conserte. Se praticou o mal, faça o bem. Relacionamos, a seguir, algumas sugestões para nossas meditações.

Por exemplo, não tentar aparentar o que não somos. Não querer conquistar ninguém nem nos permitirmos sermos conquistados. Procurar alguém para compartilhar nossa existência. Não acreditar em contos de fadas de felicidade eterna. Não querer agradar como meta de vida, mas sim como conseqüência do nosso comportamento espontâneo. Não ter medo da solidão, não buscá-la voluntariamente. Não perder tempo em mudar as outras pessoas. Não esperar que os outros mudem rapidamente seus padrões de atitudes por nossa causa. Não esperar nada das outras pessoas. Ofertar o que temos de melhor.

Outras questões para nossas reflexões: na vida a dois, não fazer as tarefas que competem ao outro. Cada qual tem seus direitos e obrigações. Não criar expectativas para não nos frustrarmos. Combater o apego: não querer ser dono de ninguém. Aprender a ser flexível sem abrir mão de seus direitos.

A felicidade não pode ser uma meta; é apenas o resultado do conjunto de nossas atitudes e comportamento. Ninguém pode nos fazer feliz senão por breves momentos. Nenhum tipo de posse: pessoas, bens, títulos, faz a nossa felicidade permanente. Meditar sobre essas questões é aprofundar em nós mesmos um conhecimento de grande utilidade que, absorvido com fé raciocinada, agirá a nosso favor como uma convicção.

Sugestão

Avalie bem seus mais secretos interesses. Não cobre dos outros uma postura mais ética quando a sua deixa muito a desejar. O conjunto das nossas ações torna-se nossa marca pessoal.

Errar é humano, mas...

Quem errou e não aprendeu passou pela vida mas não viveu. Nossa maturidade psicológica não corresponde à idade cronológica. "Nossa, fulano é tão infantil!"... "Parece uma criança". Perceber os adultos agir feito crianças birrentas é fácil. Identificar a mesma atitude em nós mesmos é mais difícil. Temos dificuldade para conquistar maturidade suficiente para ultrapassar a fase do negativismo, do contrariar os outros para nos afirmarmos. Muitas vezes, somos portadores desse padrão de atitudes durante toda uma existência. Esse distúrbio manifesta-se de forma inconsciente ou subconsciente nas mais diferentes situações do cotidiano. Por vezes, mesmo que não o queiramos. Percebemos que nos traz problemas, mas, mesmo assim, atuamos de forma contrária ao que nos diz a razão. Parecemos fora de controle, como se uma força muito poderosa nos impelisse a agir contra nossa vontade.

Filhos de pais controladores costumam agir dessa forma com mais freqüência. Foram impedidos de viver experiências que os amadureceriam na idade apropriada. Em conseqüência, contrariam tudo o que os outros colocam como regras e, até mesmo, as leis da vida. Nas relações afetivas tendem a levar aos extremos a contradição, tal como a filha que é impedida de namorar um determinado rapaz sob as mais diversas alegações dos pais e que resolve engravidar como uma punição aos pais, à violação do que considera ser o seu livre-arbítrio.

A incompreensão poderá nos levar a descartar interessantes observações a nosso respeito: "Quem é ele para dizer ou mostrar alguma coisa?", o que ocorre por vezes em família. Sentimos impulsos mais fortes para contrariar determinadas pessoas, talvez porque elas sejam excessivamente controladoras. Alguns transformam sua vida e a daqueles com os quais convivem num tormento e adoecem principalmente tentando controlar a vida dos filhos ou mais habitualmente das filhas.

Cuidado com os julgamentos

Tal e qual o sábio ditado popular: "Deus nos deu a vida para cada um cuidar da sua". Vale a pena repetir: quando nossa conduta não for capaz de referendar nossa crítica, nossa obrigação é silenciar. Aprender e calar é anúncio de sabedoria à vista.

Dizer aos outros o que fazer, sem dominar o assunto, é aviso de desastre próximo.

Para que nosso futuro afetivo seja calmo e prazeroso, devemos evitar um engano que se repete geração após geração entre os habitantes de COBAIA. Desqualificados pelo próprio comportamento, os adultos tentam controlar a vida afetiva e as relações das crianças e dos jovens, determinam suas amizades, afetos.

Ao longo dos anos, adquirimos a mania de querer ensinar o outro a ser feliz quando ainda não sabemos o que seja isso, plenamente, para nós mesmos. Preconizamos que a paz e a felicidade afetiva dependem das qualidades do outro. Dessa forma, queremos transformar o próximo em pessoas éticas, justas e honestas. Não nos detemos para pensar sobre as nossas atitudes quando nossos interesses mais imediatos são ameaçados. Pregamos um viver correto, mas não raro exemplificamos o contrário. Geralmente somos oportunistas, nos entregamos ao jogo dos interesses pessoais, da infidelidade... Recomendamos: "Faça isso", "Comporte-se assim" e fazemos exatamente o contrário.

"Ficar na nossa" não é apenas cruzar os braços ou querer reformar o mundo sem bagagem. Não basta sair por aí dizendo que "está tudo errado". Muito menos pensar que podemos mudar o mundo esbravejando, brigando, com imposições.

Justiça

Contradizer sem apresentar soluções inteligentes e exemplos corretos, esse é um dos nossos erros. Se queremos contradizer é preciso pensar, refletir para que nos tornemos pensadores que incomodam com questionamentos e atitudes que não sejam derrubadas por reparos lógicos. Gostamos de nos sentir os justiceiros. É preciso tomar cuidado para que, mesmo em pensamento, não nos tornemos verdadeiros algozes dos outros nem de nós mesmos. Como é mais inteligente e melhor prevenir do que remediar, vamos recorrer ao método natural de viver. É simples, fácil e gratuito. É só "ficar na nossa". Viver e deixar o outro viver. Nem tanto lá, nem tanto cá; mas cuidado com a omissão.

Tomar partido

Nesse caso, atenção para não cair na confortável situação de nunca tomar partido. Regra de conduta em ESPERTOS, ela pode nos transformar num ser morno, "em cima do muro", mas que deseja levar vantagem em tudo. Em muitas situações, pode ser melhor errar tentando do que não errar sem nada realizar. Entre ficar omisso e analisar, é melhor julgar, mas se não for para fazê-lo com coerência, o melhor mesmo é "ficar de boca fechada". O ideal é que, se não formos solicitados a nos manifestar, que analisemos apenas o que se relaciona às nossas atitudes, pois as dos outros, até certo ponto, são problema deles. Esse padrão de comportamento, incorporado à nossa forma de viver, pode representar um foco de alegria, de paz e de felicidade permanente para nós e nossos amores.

Observar para aprender

O ônus do julgamento é pesado e desnecessário, como muito bem deixou explícito Jesus, ao ser defrontado com o julgamento da mulher adúltera que estava para ser apedrejada. Quando solicitado a opinar e a agir, disse: "Aquele que estiver sem pecado que atire a primeira pedra". Sabemos que ninguém teve coragem de apedrejar a mulher. Como Jesus conseguiu tal façanha? Recorreu apenas ao seu repertório de ensinamentos, acima do questionamento daqueles que o rodeavam. Apenas transmitiu uma Lei Divina, comprovada ao longo dos dois últimos milênios...

Julgar compulsivo

Devemos estar sempre preparados, pois a qualquer momento podemos enfrentar ocorrências nas nossas relações afetivas, que nos exijam julgamentos dos quais nem sempre poderemos nos esquivar.

E se fosse eu?

Podemos usar esse exemplo para estudar a nós mesmos. Ocorrências como essa nos ajudam a identificar nossos impulsos. Vale a pena analisar possíveis tendências para faltar com a verdade. Até porque no game que estamos jogando, devemos estar sempre preparados para não cairmos nesse tipo de armadilha: usar dois pesos e várias medidas.

Exercício

Um dia, quando deparar com um caso de traição, aperte o botão EMPATIA para conhecer as razões e a versão tanto de um lado quanto do outro. Há o perigo de num primeiro momento dar razão a uma das duas partes envolvidas e até para as duas.

Sem pensar, de pronto, para evitar as artimanhas mentais das desculpas e das justificativas, com qual delas se identifica, de súbito, naquele primeiro momento?

Nossos impulsos e tendências representam nossa verdadeira forma de reagir.

De onde vêm nossos impulsos e tendências?

Parte é fruto de aprendizagem. Outra parte é bagagem pessoal. Desde a infância podemos manifestar impulsos para faltar com a transparência.

Sugestão

Copiamos modelos na infância. Então vale a pena analisar o conjunto de atitudes da família do candidato a receber nosso amor. Esse detalhe pode evitar uma série de aborrecimentos futuros, pois parte da nossa forma de agir e reagir é cópia ou aprendizado.

Efeito espelho

Os tipos com os quais não suportamos conviver podem apontar como nos comportaríamos se estivéssemos no lugar deles. Ao funcionar como um espelho, a imagem do outro destaca nossos conflitos psicológicos, o que nos conduz à fuga. Portanto, vale a pena cultivar bons valores.

Alerta

Caso haja casos comprovados ou subentendidos de traição na família de seu amor, prepare-se para enfrentá-los...

Cultivar a fidelidade

A fidelidade como virtude perde, a cada dia, mais terreno na escala de valores. A cultura da valorização dos interesses imediatos desvaloriza essa virtude. Quem começa o game sem estudar as regras e as sugestões faz pouco caso da clareza de desejos e intenções ao começar uma relação, e depois pode cair nessa armadilha bem COBAIA. Muitas são as desculpas e as justificativas para a falta de fidelidade ou de transparência e a mais maluca delas é o direito de ser feliz quando se estava infeliz ou triste. Antes de "bancarmos os metidos", vale a pena consultar o significado das palavras para despertar a CONSCIÊNCIA, que é rival da MÍDIA.

Fidelidade

s.f. (do lat. *fidelitas, fidelitatis*)

1. Qualidade de quem é fiel, devotado, ligado a alguém ou a alguma coisa. 2. Qualidade de quem é constante em seus sentimentos, suas afeições, seus hábitos. 3. Qualidade do que é conforme à exatidão, à verdade. 4. Qualidade de quem não foge a uma promessa, de quem não trai um princípio. 5. Qualidade do que não se altera no tempo.

A fidelidade absoluta não é deste mundo

Nossa visão de fidelidade ainda é imprecisa. Bem disse Jesus: "A quem muito for dado muito será pedido". Ser infiel significa pobreza de qualidade humana, o que ninguém pode negar.

Trair não se justifica por nada. Se estamos infelizes ou descontentes, a forma correta para sairmos dessa situação desconfortável para outra mais adequada é discutir e reformular nossas posições de forma transparente. Sim é sim e não é não. Serve ou não serve. Paro ou continuo.

INFIDELIDADE

s.f. (do lat. *infidelitas, infedilitatis*)

1. Falta de fidelidade, deslealdade, traição. 2. Falta de exatidão, de verdade. 3. Abuso de confiança.

A infidelidade não tem o mínimo respaldo ético-moral em nenhuma circunstância de vida. Acima de tudo, o infiel não respeita a si mesmo. Se desejamos abandonar a fidelidade a algo ou a alguém, primeiro expliquemos e deixemos claro os motivos; isso é ser fiel pois não devemos fidelidade eterna a ninguém senão à nossa própria consciência.

SUGESTÃO

Aproveitemos a oportunidade para observar nossas tendências para a fidelidade ou infidelidade. Talvez nunca tenhamos feito isso de forma consciente e analítica. Este exercício pode mostrar-se muito útil para nossa felicidade. A que ou a quem sou fiel ou infiel? Que justificativas ofereço à minha fidelidade ou à falta dela? Devemos ter cuidado com os valores a serem aplicados, pois nos dias atuais tudo se confunde. Então é preciso ir mais fundo nas coisas, prestar mais atenção aos detalhes para que o conjunto das intenções se torne claro, definido e assumido. Analisemos e comparemos o comportamento da maioria. Quando forem discordantes do nosso, não quer dizer que estamos errados. Acima de tudo devemos desenvolver exaustivamente a clareza de intenções em relação ao nosso parceiro.

Quinta fase

Começam as dúvidas...

Nesta fase do game, as relações físicas estão em andamento, daí passamos a viver momentos mais felizes e outros menos. Qual deles predomina? O vírus da dúvida já começa a trazer sintomas de insatisfação? As comparações com outros jogadores são inevitáveis. Será que sou mais ou menos feliz do que os outros?

COMO MEDIR A QUALIDADE DE UMA RELAÇÃO?

Aperte o botão PAUSE seguido da tecla: TRANSMUTAÇÃO.

Se ela é subjetiva, depende de muitas coisas, dentre elas, os valores de quem a julga. E o seu estado de espírito. Melhor caminharmos passo a passo e simplificarmos. O que realmente importa numa relação não é tão difícil de saber. Por exemplo, o relacionamento sadio traz consigo a sensação de alegria, prazer, paz, tranqüilidade, gratidão, afeto, vida. Aquele de má qualidade carrega angústia, ciúmes, dor, sofrer, depressão, pânico...

O amor é relativo

Tudo na vida é balizado pelas leis da física, dentre elas, a da relatividade. Qualquer interação deve ser analisada no tempo e no espaço. Atenção! É preciso observar a unidade de tempo. O antes, o agora e o depois não podem ser separados, compõem uma única realidade.

Parece mas não é

Uma das matérias da escola da vida é a arte de discernir entre o real e o imaginário, entre o falso e o verdadeiro, entre o definitivo e o momentâneo. Desejar fixar apenas um momento é tentar reter a ilusão, a fantasia, a aparência...

A relação prazerosa de hoje pode tornar-se um tormento no dia de amanhã. Cansamos de comprovar essa afirmação. Não devemos analisar a qualidade de nossas relações afetivas apenas segundo o momento presente. Além disso, vale sempre lembrar a Lei de Causa e Efeito. Outro detalhe: nem todo efeito se manifesta logo após a causa que lhe deu origem. Alguns demandam algum tempo... O momento presente não é estático. Pode ser modificado a qualquer momento. Às vezes, basta mudar o foco que as sensações se modificam. Algo que nos parecia tão bem ou tão mal de início poderá, com o passar do tempo, demonstrar exatamente o contrário...

Aprender com os outros

Claro que a experiência vivida e sentida é insubstituível, mas desenvolver a observação para discernir pode revelar-se muito útil. Para aprender com a experiência alheia, não custa nada estudar as pessoas mais próximas e as de vida pública, os artistas que estão sempre presentes nos noticiários. Suas experiências podem tornar-se um interessante recurso pedagógico. Por intermédio delas, podemos analisar melhor as conseqüências de várias formas de comportamento, os valores, os padrões de atitudes. É fácil perceber a Lei de Causa e Efeito atuando sobre essas pessoas. Depois, basta descobrir quais são os pontos comuns entre o comportamento dessas pessoas e o nosso.

Aviso de perigo

Ao estudar a vida alheia, não julgue, muito menos verbalize seus comentários. Observemos para nosso aprendizado íntimo. Quando comparamos as atitudes de uns e de outros é fácil identificar a origem de vários problemas, dificuldades, doenças, amores, paixões, traições... Esse aprendizado, ao alcance de todos, é o "mapa da mina" para encontrarmos a felicidade. Não nos é lícito, porém, condenar os outros pelos seus erros. "Não julgueis para que não sejais julgados". É preciso que sejamos prudentes em nossas avaliações, pois não somos nem melhores nem piores do que eles...

Desconfiar de nós mesmos

Quem representa o maior perigo para a nossa saúde, paz, tranqüilidade e harmonia somos nós mesmos. Para a paz, saúde e felicidade das pessoas que se relacionarem conosco também. Se quisermos vigiar alguém ou tomar certos cuidados, façamos isso em relação a nós mesmos, pois nossas atitudes podem causar problemas para nós e para os outros. Depois, observe os devidos cuidados, reflita sobre o que pode ser apreendido com o estudo da vida do próximo.

Esse aprendizado poderá compreender:

- Lei de Ação e Reação, que aplicada à nossa evolução chama-se Lei de Causa e Efeito;
- Lei de retorno, tudo o que é enviado, dia menos dia retorna;
- Os problemas que muitas vezes a educação nos causa, principalmente os paradoxos do tipo: "faça o que eu digo, mas não faça o que eu faço";
- Parte de nossa forma de agir é aprendizagem, copiamos modelos; daí, estude a família da pessoa que é do seu interesse.

Com certeza, observar os outros poderá nos ajudar a evitar muitos problemas e, quem sabe, até ajudar a resolvê-los. Lembre-se, porém, de primeiro estudar sua família, para que possa avaliar e antecipar o seu próprio padrão de comportamento, pois isso é o que realmente lhe interessa.

Em boca fechada...

Observemos. Analisemos. Aprendamos. Apliquemos. Com essa sábia atitude, aprenderemos a calar para não "pagar a língua", como se costuma dizer por aí.

Dica

O que analisamos para aprender não interessa a ninguém senão a nós mesmos. Precisamos de referências para analisar nossa qualidade afetiva – não de comparações.

Não compare

Cada um com seus problemas, mas, ao mesmo tempo, sendo naturalmente solidários uns com os outros. "Deus deu a vida para cada um cuidar da sua". Somos uma lenta construção em franco progresso. Passo a passo fizemos escolhas cujos efeitos fazem a diferença. Isso nos torna seres incomparáveis. Pense bem nessa realidade para evitar cultivar sentimentos de menos valia e de baixa auto-estima. Compare seu parceiro apenas com ele mesmo, pois, quer perceba ou não, ele torna-se a cada dia uma pessoa mais interessante. Ajude-o a melhorar a si mesmo. Reforce suas qualidades, evidencie seu lado bom. O amor que ele lhe oferece não é melhor nem pior do que o de outras pessoas. Uma sábia e simples atitude é comparar seu bem a uma pedra preciosa a ser lapidada com sua ajuda.

Sugestão

Que a lapidação de quem está ao seu lado não seja feita pelo atrito com a sua pessoa, pois isso gera discórdia. Como fazer? É simples: melhore-se a si mesmo, elimine seus defeitos. Imagine uma pessoa que se magoa com facilidade, isso vai colocar em evidência o lado ainda grosseiro do parceiro. Caso vigie e elimine a tendência para magoar-se, a outra parte pode trabalhar sua agressividade no trabalho, no trânsito, no contato com outras pessoas no dia-a-dia, e a relação será preservada. Quando nos comparamos, sem perceber somos atacados pelo vírus da inveja e até do despeito e breve passamos a ser acometidos pela insatisfação crônica, do sentimento de menos valia, que poderá nos levar até a agressividade. Se não nos tratarmos, podemos cair na morte em vida, que é a depressão, a angústia, o pânico. Simples descuidos podem acarretar problemas muito graves ao longo do tempo.

Sugestão

No meu consultório, atendo pessoas que têm tudo aquilo que a maioria sonha para ser feliz, mas não conseguem sê-lo. Não será o amor do outro que nos fará felizes. Poderá contribuir para nossa felicidade, mas não poderá ser confundido com ela.

Pequenas vinganças

As pequenas vinganças começam como quem não quer nada, algo do tipo contar piadas de mau gosto, jogar indiretas, fazer comentários irônicos... Sarcasmos causam danos que, ao longo do tempo, minam por completo os relacionamentos.

Temos pouca soberania emocional e afetiva. Queremos ser amados a qualquer preço. Falar abertamente sobre nossos anseios e frustrações gera o risco de sermos abandonados e nos calamos... Passada a fase de paixão ou deslumbramento, os pequenos "sapos, cobras e lagartos" que nos obrigamos a "engolir" (medo da perda) quando as atitudes da outra pessoa não condizem com o que esperávamos dela começam a nos envenenar. De repente, um "sapinho" de nada nos faz lançar para fora toda a "bicharada" que engolimos por falta de coragem emocional.

Na maioria das vezes, os momentos de prazer gerados nas relações amorosas não serão capazes de limpar o ambiente afetivo em que jogamos o LOVE GAME. Até porque, se costumamos repetir as atitudes, as mudanças são insignificantes.

Pena que apenas no decorrer das fases mais complexas é que descobrimos que as regras para começar bem o jogo, as jogadas iniciais, não foram cumpridas.

A sensação de GAME OVER começa a perturbar e, sem perceber, cometemos desatinos inconscientes, ou até nem tão inconscientes assim, em relação ao outro que, no nosso ponto de vista, está falhando conosco e não se emenda. Parece que perdeu o interesse em nos tornar feliz, o que azeda nossa vida...

Alerta

Nenhum de nós possui bola de cristal para adivinhar os pensamentos dos outros. Mas estancamos ou agimos como se fosse óbvio o que precisamos e não recebemos. Por vezes, apenas nosso corpo expressa o descontentamento em relação às atitudes do outro que nos desagradam. De forma descuidada, passamos a cometer pequenas vinganças.

Sugestão

Observe suas reações quando é contrariado. Identifique pequenas retaliações da outra parte. Quando esse padrão de atitudes ao contrariar o outro nas mínimas coisas for identificado, procure conversar abertamente. Caso não haja vontade nem diálogo, melhor preparar-se para o GAME OVER. Constantes represálias envenenam de tal forma a relação amorosa que a condenam irremediavelmente.

Sugestão

Se tudo começa a desandar nos negócios, finanças, saúde, o agente do desastre pode ser um relacionamento íntimo doente. Das pequenas vinganças para um grave processo de obsessão espiritual é um pulo. Vibrações negativas constantes, clima negativo no lar, contrariedades, ironia, prejudicam a saúde física e espiritual das pessoas. A conseqüência é a desarmonia em todas as áreas de atividades em que estivermos engajados.

Hora da manutenção

Diz o manual do fabricante que todo produto precisa de manutenção, de revisões periódicas. Quem se descuida pode perder a garantia.

A partir do momento em que dúvidas sobre a qualidade da relação amorosa começam a surgir, é hora de revisar conceitos e a forma de jogar.

Sempre é possível recuperar relações que se desgastam pela falta de cuidados.

Antes de pensar em soluções, algumas questões exigem resposta: quem deseja manter o jogo? Apenas uma das partes? A família? Outros interessados?

Em resumo, nas situações em que as duas partes desejam manter a relação, é possível reacender o interesse. Nesses casos, é bom arrumar um técnico. Um profissional da psicologia com experiência comprovada no game pode ser muito útil, poderá até salvar o jogo. Quando o interesse não é comum, é GAME OVER na certa, apenas questão de tempo. Nesse caso, o difícil é descobrir quando e a melhor maneira de encerrar o jogo, para que não se comprometam as futuras competições...

Propaganda enganosa

A visão romanceada da relação afetiva, as fantasias, a fuga da realidade nos conduzem a um grande desatino: a camuflagem. A personalidade de fachada para conquistar o público.

Quando nos interessamos muito por alguém ou nos apaixonamos, inventamos uma personalidade específica para lidar com essa pessoa.

Quase sempre o outro lado faz o mesmo. Para agradar ou conquistar, escondemos nossos defeitos e até inventamos virtudes que não possuímos. Um baile de máscaras termina, quase sempre, numa grande ressaca de frustrações...

Essa personalidade torna-se um esconderijo temporário para nossas fantasias. Como ilusão não dura para sempre, aliás, não consegue sobreviver muito tempo, logo começam os problemas: mágoas, ressentimentos, pequenas e grandes vinganças.

Este é um dos perigos da paixão e do amor sensual: a personalidade que inventamos para agradar ao outro. Esse tipo de propaganda enganosa quase sempre termina nos tribunais, com o juiz a definir o espólio da relação, filhos, bens, dívidas...

O apaixonado perde a capacidade de refletir, de analisar e amplifica ao extremo a camuflagem de sua identidade bem como pouco percebe da identidade do outro. Percebe apenas o que lhe interessa no momento.

É urgente desenvolver a transparência para que em situações futuras de relacionamento afetivo não se repitam os mesmos erros das gerações passadas. Boa parte dos casamentos não dá, nem poderia dar certo, como um processo fantasioso de felicidade. É inevitável que a personalidade real de cada um de nós se apresente tal e qual é. E o choque com a personalidade da outra pessoa será inevitável.

É preciso que fique claro que nos iludimos uns aos outros de forma subconsciente e não premeditada. A reforma íntima – busca da superação das nossas imperfeições e a libertação dos vícios – sistematizada pode tornar nossa vida afetiva mais saudável e feliz.

Preciso de você

Afirmar "Não vivo sem você!" é uma forma de aprisionar alguém, cercear sua liberdade... Nós nos enganamos ao acreditar que dependemos dos outros para sermos felizes e vice-versa. Confundimos compartilhar com depender. Ansiamos pela liberdade, mas sentimos prazer quando alguém nos domina ou nos deixa dominar. Ser feliz, porém, é uma conquista íntima que pouco depende dos outros.

A busca da felicidade, da perfeição e da liberdade é inata em todos nós. No entanto, muitas vezes escolhemos o caminho errado e a procuramos apenas além da nossa intimidade. Nós a buscamos nos bens materiais, nos títulos, nas posses, nas sensações, nas pessoas... E não a encontramos, exceto por breves instantes. Nada, nem ninguém, senão nós mesmos seremos capazes de nos fazer felizes de forma duradoura.

Sugestão

É impossível aprisionar a felicidade ou guardá-la para uso futuro. O primeiro caminho a ser trilhado na busca da felicidade é o íntimo de cada um. Antes de compartilhar nossa afetividade, é preciso conquistar e desenvolver a capacidade de soberania de nossas emoções. A falta de soberania emocional nos imobiliza e responde por boa parte dos nossos sofrimentos.

Compartilhar é retribuir

Interdependência é um processo dinâmico e não estático. É a liberdade de buscar alternativas para as necessidades do momento. Essa é uma das funções da inteligência: criar a liberdade e administrá-la, gerar a felicidade e consumi-la. Busquemos sem parar a liberdade que nos dá felicidade. Pensemos bem, porém, sobre o que ela representa. Ser livre não é apenas sair por aí fazendo "o que nos dá na cabeça". É agir com bom senso e responsabilidade.

Atitudes positivas e negativas

Quando interferimos positivamente na vida das pessoas, criamos laços que permitem um livre fluir. Usar a liberdade é, por assim dizer, receber os efeitos dos próprios atos.

Liberdade

s.f. (do lat. *libertas, libertátis*)
1. Faculdade de fazer ou de não fazer qualquer coisa, de escolher. 2. Independência. 3. Estado oposto ao do cativeiro, ou prisão, à escravidão, ao constrangimento. 4. Direito que alguém se arroga. 5. Desembaraço, facilidade. 6. Permissão, licença.

Quem ama é livre

Rever o conceito de amor é vital. O que ainda entendemos por amor é algo doentio e que aprisiona. É uma forma contrária à liberdade: a possessão, o sentir-se dono de alguém – o que não é amor nem liberdade.

Um detalhe importante a ser observado: somos seres que já vivemos muitas existências e nos comprometemos uns com os outros. Entre nós o amor depende também do exercício de aprender a desenvolver a capacidade de perdoar incessantemente.

Dependência e dominação

Por acomodação, muitas pessoas gostam de ser dominadas embora afirmem o contrário. O motivo desse paradoxo é simples: o tipo de educação recebida em MITOLÂNDIA.

Um dos motivos de gostarmos de ser dependentes é o desejo de repassarmos nossas responsabilidades para outra pessoa.

Sugestão

Muitas vezes, se somos abandonados ou alguém morre, não aceitamos que parte de nosso pesar origina-se na dependência e não no amor. Quando "perdemos" alguém do qual dependíamos parece que um buraco negro se abriu e a vida perdeu o sentido. O remédio é desenvolver o desprendimento, caminho que nos conduz ao equilíbrio.

Depender

v.t. (do lat. *dependere*, pender de.)

1. Estar na dependência de. 2. Estar sujeito ou subordinado a, estar sob domínio, autoridade ou influência. 3. Derivar, resultar, proceder. 4. Viver às expensas de outra pessoa.

Evitemos dizer a uma pessoa: "Preciso de você!" Isso é um atestado de pouca competência emocional.

Alerta

Uma das armadilhas da vida moderna: "Preciso de dinheiro para...". Dependência financeira é outra causa de problemas na vida afetiva. A mulher sempre foi a grande vítima nesse sentido. Mas, na atualidade, a muito custo, ela deixa a condição de dependente financeira.

Sugestão

Numa época de consumidores compulsivos, muitos casais estão optando por separar as finanças, dividir as despesas. Em muitos casos, esta simples providência pode salvar a relação.

Controlar o outro

"Para onde você vai?", "Já chegou?", "A que horas vai voltar?", "Com quem está?". Passados os arroubos iniciais do relacionamento amoroso, o pegajoso começa a obsedar a vida do parceiro. Distúrbio psicológico causado pelo ciúme à parte, essas pessoas tentam disfarçar o controle do outro alegando cuidados e preocupações com o bem-estar alheio. Suas reais intenções, nunca por eles admitidas, é controlar, o tempo todo, quem está ao seu lado.

Controlar é falta de respeito

Fomos educados a buscar culpados para justificar nossos sofrimentos. Somos pessoas mal resolvidas. A insegurança e o medo de perdermos aquilo que consideramos nosso nos impelem a manipular a vida do outro. Essa postura torna com facilidade nossas relações afetivas problemáticas.

Para evitar o GAME OVER, não devemos permitir que nos controlem, mas sem nos rebelarmos. A recíproca também é verdadeira.

Sugestão

Não sufoque seu amor com cobranças ou cuidados excessivos. Depois, não adianta reclamar. Criamos nosso próprio destino.

Se estou descontente, como devo agir para gerar mudanças? O presente pode ser controlado com aceitação, sem acomodação. O futuro é formatado com honestidade de princípios, dedicação, trabalho e amor.

Predestinação afetiva

Não somos propriedade de outras pessoas nem donos de ninguém. Nas relações afetivas, não temos destino fixo e traçado, mas sim um conjunto de possibilidades de ocorrências. A escolher.

Nossas relações afetivas são até certo ponto bumerangues que atiramos no túnel do tempo. Às vezes, é possível retomá-las ou não. Noutras, o fluxo de acontecimentos cria situações compulsórias; nesse caso, sempre o que resulta é a interpretação de sofrimento e de rebeldia que damos às situações que nós mesmos ajudamos a criar.

Já trilhamos muitas vezes essa estrada.

Na vida afetiva, um momento é de colher e o outro de semear. A vida em família ainda tem muito a ver com interferências na vida do próximo, no tempo e no espaço. Quando escolhemos, produzimos distúrbios positivos ou negativos na vida do outro. Se negativos, criamos um campo gravitacional que só o tempo e o amor podem anular, ampliando os horizontes e as esferas de atuação, passo a passo, renúncia a renúncia, dia após dia. Para os jogadores do LOVE GAME, laços de sangue ou de adoção tornam-se o caminho de reparação e de aprendizado. Nesse caso, o que menos importa é saber quem fez o que e a quem. O caminho para a felicidade leva a aprender a amar.

Alerta

Inúmeras vezes, a vida em família torna-se uma guerra onde todos saem perdendo. O melhor caminho é uma trégua, a paz temporária, também chamada nesta região da vida de separação, desquite, divórcio. Um tipo de liberdade condicional que quase ninguém aproveita como seria de se esperar. Tempo de preparar o terreno íntimo para a paz definitiva ou amor no futuro. Ninguém é obrigado a ficar com ninguém, mas todos se obrigarão a aprender a amar um dia – libertando-se e libertando o outro. O divórcio deve ser entendido como recurso para evitar o pior: a violência entre o casal.

O acaso não existe

Qualquer pessoa que a vida teime em colocar na nossa frente tem tudo a ver conosco. Ela deve ser estudada para descobrirmos a melhor forma de auxiliá-la a encontrar a paz e a felicidade. A nossa será uma conseqüência desse nosso esforço em favor do próximo.

Alerta

Cuidado para não invertermos a equação da felicidade: "primeiro os outros e depois nós". A inversão costuma ser fatal, alimenta alguns vírus chamados de egoísmo, orgulho, prepotência etc. É bom lembrar do sábio conselho do Mestre Jesus: "Aproveita enquanto estás a caminho com teu inimigo e reconcilia-te com ele". Nossos amores e paixões podem estar enquadrados nessa afirmativa. O destino é um conjunto de possibilidades de ocorrências, é científico e modificável mediante atitudes positivas que exigem coragem e determinação.

Aviso

Comunicado aos controladores da vida alheia: cuidado com o próprio destino quando tentar interferir na vida afetiva dos outros, pois poderá estar assinando uma promissória em branco, que será resgatada com renúncia, perseverança, humildade.

Tenhamos juízo: Aconselhar não é escolher pelo outro, é abrir um leque de possibilidades para auxiliá-lo a discernir sobre os caminhos que poderá seguir.

Sexta fase

Tudo nos é permitido, desde que a lei seja cumprida.

Desde o princípio do LOVE GAME, sob a gerência do livre-arbítrio, o sexo passou a ser disciplinado por limites impostos pelas conseqüências das escolhas da forma de se usar a sexualidade.

Quando descobrimos os prazeres e as sensações, a liberdade de pensar e de escolher permite que sejamos capazes de subverter alguns instintos como comer sem ter fome, manter relações sexuais nos momentos que desejarmos... Para controlar os abusos da sexualidade vieram as DSTs, as doenças sexualmente transmissíveis que funcionam como agentes reguladores das nossas ações.

O ser humano ainda imagina ser capaz de enganar a natureza. Triste ilusão acreditar que somos capazes de criar mecanismos cada vez mais sofisticados de proteção para esconder nossos desvios no uso da sexualidade. Perda de tempo e de esforço. A natureza dá o troco em seguida: quanto mais nos sentimos protegidos para esconder nossos desvios da lei, maiores são os desafios que se apresentam. A cada dia, surgem novos agentes de doenças capazes de resistir aos tratamentos que o homem inventa para os males gerados pelo mau uso da sexualidade segundo as leis naturais.

Prevenir é melhor do que remediar

Em se tratando de relacionamentos sexuais, fiquemos cada vez mais atentos. É preciso conhecer tudo sobre os tipos de DSTs: como podem ser evitadas, quais as possíveis conseqüências para a saúde física e moral – e até para nossa evolução espiritual, pois nada pode ser separado, isolado.

Preservativos e outros artefatos ajudam até um certo ponto. A vacina mais eficaz para prevenir as DSTs é a postura quanto ao ato de amar. Ser honesto nas relações afetivas e sexuais não é mérito, é apenas requisito mínimo para quem deseja ser feliz no amor.

Aids

De todas as DSTs, a mais controladora é a AIDS. Um verdadeiro controlador do uso abusivo da sexualidade e outros desvios de conduta. Pensemos com mais cuidado e nos comportemos do jeito natural e simples para evitarmos um problema que depois nos imobilizará na vida, ao qual forçosamente dedicaremos toda a nossa atenção e tempo em busca de solução.

Alerta

Os dados mais recentes apresentados pela OMS (Organização Mundial de Saúde) a respeito da epidemia de AIDS, especialmente entre os heterossexuais, provavelmente vão alarmar os participantes do LOVE GAME. As doenças sexuais tornam-se nós que atamos. Desatá-los pode ser sofrido e complicado. Procuremos agir segundo os desejos da natureza usando a energia sexual para doar amor com responsabilidade. Escolhamos bem nosso parceiro estudando-o. Aprendamos a descartar da nossa vida as pessoas pouco responsáveis. Nosso corpo agradece e as pessoas que estão mais ligadas a nós também.

Parceiros

É impossível progredir e ser feliz só. Somos seres interdependentes, nada se faz sem a participação de outras pessoas. Também podemos deduzir que ninguém consegue adquirir DST sozinho. Devemos escolher bem nosso parceiro na estrada da evolução. É requisito básico para alcançar a paz íntima. O método é bem simples: seja transparente e inteligente, não descuide da Lei de Causa e Efeito. Seja responsável e honesto e com certeza encontrará a quem tanto procura...

Exercício

Imaginemos a pessoa que mais amamos com AIDS. Avaliemos as sensações que isso nos traz. Pensemos no desequilíbrio que essa notícia causa em nossos sentimentos. Com certeza, o mesmo ocorreria com as pessoas que nos amam, se um dia recebessem a notícia da nossa doença.

Espante os fantasmas

Ao longo do LOVE GAME certas questões costumam ser mal interpretadas e ficam pairando sobre nós como espantalhos da felicidade. Retornam dia após dia sob disfarce para nos atormentar.

Amar é doar

Tanto o esbanjador quanto o egoísta são deficientes em maturidade afetiva. Nesta dimensão da vida, o esbanjador não costuma ser iluminado (são poucos os que já transcenderam o ego); ele ainda dá mais do que recebe para sentir-se valorizado, prestigioso e dominador. O egoísta não tolera frustrações e contrariedades, é explosivo e agressivo, contido ou não; procura sempre levar vantagem. Se um tenta dominar pelo medo, o outro tenta dominar pela competência.

Que tipo é o meu? Sou esbanjador ou egoísta?

"Egoísta": extrovertido porque não gosta de ficar só; ciumento, sua insegurança projeta-se nos outros; gosta de aparecer e se autopromove; ciumento e candidato a traidor; intolerante à frustração, torna-se o rei dos analgésicos, é hipocondríaco; invejoso, embora camuflado ao extremo, procura aparentar que tudo está bem.

"Esbanjador": não reage nem quando deveria; tímido e até oportunista, explora bem as deficiências dos outros para aparentar sua autoconfiança. Inveja o egoísta que diz não com facilidade e assim goza os prazeres da vida; submisso aos seus pudores e conflitos; candidato a ser traído que se martiriza com a mágoa e depois acalenta a condição de vítima portadora de um câncer, por exemplo.

Para desenvolver maturidade afetiva é preciso pensar, e muito. Além de desenvolver a capacidade de renúncia, humildade... Nossa maturidade psicológica não caminha lado a lado com o nosso par, sempre nos saímos melhor num aspecto do que em outro na arte de viver.

Maturidade afetiva também pode ser chamada de inteligência afetiva. As pessoas que pensam pouco não desenvolvem essa condição: o caminho para a felicidade é o equilíbrio entre doação e recepção. Não enxergam além de seus desejos, vontades e a satisfação das próprias necessidades, tal qual uma criança mimada, às vezes birrenta, agressiva e violenta ou tímida e chorona.

Insatisfação

Por mais que recebam, algumas pessoas estão sempre insatisfeitas e necessitadas, pois querem apenas receber. Outras se esgotam de tanto dar sem receber nada em troca. Orgulhosas ao extremo, evitam o receber para não dever nada. A vacina contra a carência é a doação, voltar-se para as outras pessoas sem esperar retribuição. O carente contumaz é uma criatura muito desagradável: é exigente e ciumento, do qual todos tendem a se afastar.

Para nos imunizarmos contra esse mal, desenvolvamos a caridade. Esse é o caminho para alcançar a maturidade afetiva. Além disso, essa é vacina contra a solidão tão indesejada. A pessoa solidária nunca será solitária. Pensemos nisso.

Sugestão

O egoísta tem de aprender a dar. O esbanjador tem de aprender a receber. Ninguém merece viver com um egoísta ou com um esbanjador que não se recicla...

Crenças

Perante a vida, comportamo-nos conforme nossas crenças. Se não reciclamos nosso sistema de crenças, colocamos em risco nossa paz e felicidade. Podemos imaginar que somos donos da verdade e tentamos impor aos outros nossas crenças e valores. Alguns de nós já nascemos mais flexíveis do que outros. Mesmo educados em sistemas ortodoxos, conseguimos respeitar as crenças daquele que escolhemos para compartilhar nossa existência.

Alerta

Estude bem a família da pessoa com quem pretende ter um relacionamento amoroso. O sistema de crenças desse grupo familiar e o tipo de educação recebida influenciam muito mais do que podemos imaginar. "Os homens não valem nada", "Não se pode confiar nas mulheres". A filha que ouviu esse tipo de afirmação da mãe durante a infância e juventude certamente terá muitas dificuldades em doar-se nas futuras relações afetivas que venha a experimentar. Ou um garoto que ouve do pai que não se pode confiar nas mulheres... Se não queremos repetir nossos ancestrais em muitas coisas, é urgente reciclar nossas crenças até para nossas relações afetivas, pois elas determinam como nos comportamos diante da vida, seus desafios e problemas a serem resolvidos por nós mesmos, sem milagres.

É bom sabermos em que "nosso bem" acredita. Vale a pena estudar o sistema de crenças da pessoa que nos despertou interesse. Essa atitude pode ser útil para que consigamos diagnosticar sua capacidade de ser flexível ou não.

O exercício de pensar é que nos torna flexíveis ao alongar nossas percepções. Ser flexível não é ser um camaleão que se adapta a tudo, para suprir necessidades ou para atingir interesses. Para que alguém desenvolva essa capacidade é preciso pensar, refletir e atuar.

Caso tenhamos forte interesse afetivo numa pessoa dogmática e inflexível, é possível que estejamos a um passo de nos atormentarmos, pois pessoas desse tipo pensam pouco, são inseguras, intolerantes, autoritárias, controladoras, donas da razão; fazem sofrer.

Claro que tudo vale para os dois lados. Estudemos em que ponto do nosso sistema de crenças não somos flexíveis. Analisados os pontos de vista dos parceiros, projetar a qualidade dessa relação vai ser fácil. Daí poderemos decidir se vale a pena arriscar ou não. Temos esse direito e dever.

Não fiquemos imaginando que se escolhermos demais vamos sobrar. Se desenvolvermos a capacidade de nos doarmos, a vida fluirá à nossa volta cheia de pessoas sempre muito interessantes.

Sugestão

Dentre outras coisas, os dogmas culturais e as crenças religiosas de nossos pretendentes são sinalizadores de sua capacidade de aceitar o novo ou não.

Antes de se aprofundar numa relação avalie o sistema de crenças do candidato ao seu amor. Não custa verificar a compatibilidade. Não esperemos que os outros mudem. Muito menos cobremos deles qualquer ajuste. Cabe a nós avaliar nossa predisposição a reciclar nossos hábitos e crenças. Ao outro cabe o direito de fazê-lo quando quiser e quando puder. Mesmo que a muitas pessoas esse detalhe possa parecer preciosismo.

Insegurança

O que se esconde atrás da insegurança? A falta de segurança é fruto do orgulho e do medo; quem tem medo de ser rejeitado ou de não ser aceito por vezes esconde-se atrás da timidez. O inseguro é muito crítico e com a mesma medida que mede os outros de forma subconsciente mede-se a si mesmo numa clara projeção. Desgasta-se tentando ocultar o que é, fortalecendo o medo de que os outros descubram o que lhe vai na alma.

A descoberta e a aceitação de nós mesmos como somos, e não como gostaríamos de ser, proporciona a base para o desenvolvimento de uma sólida autoconfiança, alicerce para que consigamos construir e manter relacionamentos estáveis e duradouros.

Para erguer nossa vida afetiva em bases sólidas, é preciso que tentemos com perseverança desenvolver a transparência íntima; não devemos mascarar nossos defeitos nem tentar ocultar nossas qualidades, embora seja um trabalho desnecessário, pois o que somos irradia-se o tempo todo e a todos. Quando nos esforçamos para mostrar nossas qualidades, evidenciamos que ainda não as possuímos... Uma estratégia ineficaz, que só nos dá prejuízo...

Do outro lado da moeda do *marketing* pessoal, a baixa auto-estima é uma espécie de invalidez psíquica, capaz de nos imobilizar na vida, tornando-nos mortos em vida, depressivos, angustiados ou em pânico.

Não estar seguro do que somos, impede ou restringe formarmos relacionamentos que possam nos completar.

Para combater a insegurança e a timidez com eficácia só existe uma saída: o autoconhecimento.

Nunca busquemos adquirir segurança ou perder a inibição com a ajuda do álcool ou de drogas, pois a queda é fatal.

Agradar

Cuidado com os generosos de fachada – fruto de um início atabalhoado do game. Vale a pena rever comentários a respeito desse engano, para evitar que as pessoas caiam vítimas de nós mesmos e dos "santos" de fachada – sem conteúdo.

Agradar por agradar sinaliza fraqueza de caráter. É um artifício usado para simplesmente receber vantagens. Nada tem a ver com evolução espiritual. Pessoas inseguras no terreno da afetividade vivem tentando agradar com vistas à conquista, com medo de não serem aceitas ou recompensadas. Desdobram-se em mesuras e gentilezas, depois terminam frustradas, amargas e, às vezes, sós sem que as desejem.

Sugestão

Cuidado com os que usam de artifícios para seduzir. Eles são diferentes dos carentes afetivos e dos inseguros; premeditam as mesuras e os agrados para usarem as pessoas, cobaias dos seus interesses. Uma vez satisfeitos, descartam suas vítimas com a maior naturalidade, sem remorsos e sem culpa.

Como descobrir esse padrão de atitude afetiva? Identificar esse tipo de pessoa é fácil. Basta observar. Como já foi dito, até o corpo fala, possibilitando avaliar as intenções das pessoas. A vida pode tornar-se simples, alegre e feliz para quem nela presta atenção. Avaliemos como nos portamos perante o que recebemos. É possível que ao julgarmos estejamos condenando a nós mesmos. Nem sempre será possível evitar nos relacionarmos com pessoas com essa tendência. Uma forma de protegermos nosso bem-estar é: não criar expectativas exageradas.

Sugestão

Para agradar a todos sempre, basta que sejamos simples e transparentes para que os outros não criem expectativas indevidas sobre nossa pessoa. Sejamos apenas nós mesmos para que ninguém espere o que não temos ainda para oferecer. Nada de propaganda enganosa. Quem quiser nos comprar como somos, que nos compre...

Ciúmes

Temos ciúmes do que acreditamos ser nossa propriedade.

Geração após geração, fruto da nossa cultura, é normal nos sentirmos donos dos outros. Não importa a idade, de certa forma somos velhas crianças egoístas; e durante um bom tempo ainda imaginaremos ser donos de algo ou de alguém e faremos uma tremenda confusão entre amor e posse. O primeiro passo para amadurecer é aceitar este fato: nossa incompetência para amar de fato. Com esse singelo gesto de humildade será possível tornar a vida mais simples e gostosa – claro que poderão ocorrer recaídas. Vale a pena investir nessa atitude, pois o sentimento de posse é o fermento para o ciúme patológico, capaz de desequilibrar e até de causar violências. O chamado crime passional pode ser justificado na justiça dos homens, porém não há desculpas para ele na justiça de Deus.

O conhecimento de nós mesmos é a segurança para que não nos atormentemos com o medo de sermos traídos em nossos sentimentos, desejos e expectativas.

É claro que ainda esperamos o que somos incapazes de oferecer aos outros – e de receber também. Assumir essa condição é um requisito para amadurecer afetivamente. O ciumento tem medo de ser traído e é provável que isso aconteça. Cada conjunto de pensamento e sentimento que emitimos em desarmonia, o retorno será a polaridade oposta. Exemplo: a pessoa que irradia mágoa está sempre atraindo todo tipo de grosseria, o avarento sempre atrai prejuízos e perdas de todos os tipos, o orgulhoso chama para si humilhações para que se torne mais humilde etc.

FUGIR DAS TENTAÇÕES

Não tente afrontar o ciumento traindo-o. Quem tem ao seu lado uma pessoa possessiva e ciumenta deve precaver-se contra as tentações que surgirão pelo caminho. Deve vigiar e orar muito, pois a energia que o ciumento transmite pode induzir a que aflorem certos desejos que seriam bem controlados noutras condições. Caso tenhamos predisposição para não honrar compromissos afetivos, conviver com uma pessoa ciumenta poderá nos induzir à infidelidade.

O CIUMENTO

O medo de ser traído costuma ser a projeção daquele que é capaz de trair o outro na primeira oportunidade. Com muita freqüência, projetamos o que somos capazes de fazer. E sem controle de nossos impulsos, predisposições e tendências, nós o fazemos realmente. O ciumento é por vezes um traidor em potencial; mera questão de momento, situação ou oportunidade.

SUGESTÃO

Caso essa colocação tenha provocado reações íntimas de desconforto, avalie suas tendências, com calma e o máximo de isenção. Como buscar a cura para essa grave doença da alma? Nada na vida nos pertence, exceto nosso próprio destino. Compartilhamos a vida. Caminhamos junto a muitas pessoas nos caminhos do progresso. Entramos nesta dimensão da vida sós e dela também sairemos; apenas a dividimos com muitos ao longo do caminho.

Procuremos desenvolver a capacidade de compartilhar que o ciúme, com todo seu conjunto de traições, desaparecerá de nossa alma. Quando aprendemos a nos doar e a receber nos tornamos fortes, livres e humildes. Somente os fortes não precisam mostrar nem provar nada aos outros, por isso são humildes. Ao contrário, todo ciumento é um fraco, inseguro, orgulhoso e prepotente.

Efeito espelho

Fomos condicionados a fugir de nós mesmos.

Tudo o que tentamos esconder da nossa própria pessoa nos é mostrado por intermédio dos outros. Como num espelho, nos defrontamos com nossos conflitos, desejos, frustrações, características negativas de nossa personalidade. É por isso que algumas pessoas nos perturbam tanto.

Viver para o público como se a vida fosse um palco – essa atitude é um mecanismo subconsciente de fuga das responsabilidades aprendido no decorrer do processo de socialização. Desde os primeiros anos de vida tentamos camuflar nossos anseios mal resolvidos e nossas frustrações de desejos não realizados, como se isso fosse possível...

Essa forma de agir tende a criar muitos embaraços nas relações, pois não é tão difícil perceber as projeções dos outros. A dificuldade é perceber, aceitar e modificar esse comportamento em nós mesmos.

Sugestão

Tudo tem sua utilidade; esse mecanismo também pode se tornar um importante recurso pedagógico para nossa reforma íntima. Como proceder? Basta analisarmos com isenção as repetições de como vemos as outras pessoas e os julgamentos que fazemos delas e de suas atitudes.

Alerta

É impossível desviar dos espelhos, pois quem os traz até nós é a SINTONIA. O melhor a fazer é prestar atenção ao que se reflete neles – nós mesmos... Espelho, espelho meu...

Saúde afetiva

Saúde ou doença, a escolha é sua. A saúde do corpo físico também depende da saúde emocional e afetiva – nada a ver com sorte, azar, destino – apenas com a qualidade das escolhas. Como escolher? Em se tratando de quem vai dividir a existência: em todas as relações há perdas e ganhos. Não existe amigo ideal, muito menos parceiro afetivo ideal. Todos nós temos qualidades e defeitos. O segredo? Pense bem. Pois o cultivo do pensamento mágico, próprio dos contos de fada, faz com que nos acomodemos em viver de ilusões e sonhos de prazer e alegria vendidos pela mídia. Claro que devemos sonhar ser alegres e estar de bem com a vida, mas o que alguns não desejam que aprendamos: esses momentos alegres são ocorrências possíveis; manter esse estado permanente é outra bem diferente – algo que eles não poderão nos vender para sempre – pois a felicidade comprada tem prazo de validade...

Mais ou menos como a cura das doenças: a cura temporária a medicina pode oferecer; já a definitiva depende de mudanças na forma de viver em todos os sentidos.

Sugestão

Saúde é conquista, felicidade e paz também. Nada que envolva o progresso de nossa alma pode ser comprado. A alegria afetiva é uma conquista à disposição de todos. Não imaginemos que esteja disponível apenas para ricos, bonitos, famosos e poderosos, como nos faz crer a mídia. Mas para alcançá-la e mantê-la é preciso desapego, simplicidade, humildade, conhecimento, disponibilidade e esforço. Quanto custa? Tudo ou nada, cada um de nós é que determina o preço. Relações afetivas que gratificam e nos fazem sentir bem estão à disposição de quem encara a vida como ela se apresenta – De graça? Claro que não, pois a lei de mercado representa a própria vida.

Sugestão

Nada é oferecido ao acaso a quem quer que seja. Isso é lei da evolução, em qualquer dimensão. Não caiamos em armadilhas; cuidado com os vendedores de ilusão, os aproveitadores dos anseios humanos. Sempre será hora de sonhar e começar a pensar e trabalhar pela nossa alegria por intermédio da alegria e do bem-estar que consigamos proporcionar aos outros.

Alerta

A felicidade é um estado saudável de sentir-se, que não pode depender de nada externo. Nosso estado de saúde ou de doença começa desde as primeiras horas de vida. Portanto, pais que superprotegem os filhos, sem o perceber os condenam ao GAME OVER precoce no LOVE GAME.

Bônus

Temos não apenas o direito, mas o dever de buscar compartilhar nossa vida com pessoas saudáveis. Caso não desejemos virar "pronto-socorro afetivo" nem trabalhar como médicos e enfermeiros das doenças emocionais e afetivas daqueles que desejam apenas transferir seus problemas, não resolvê-los pelo próprio esforço. Vale a pena estar sempre alerta para alguns sintomas clássicos de saúde ou doença afetiva das pessoas. Relacionamos alguns deles.

Sintomas de saúde afetiva: riso fácil e franco; brilho nos olhos; olhar direto; clareza de raciocínio; reações de alegria e tristeza comedidas; contato físico natural; desejo mais de ouvir do que falar; prestar atenção no que o outro fala; tom de voz suave; expressão corporal de entrega; prontidão para servir; admiração; elogios sinceros.

Sintomas de doença na afetividade: cara "amarrada"; desvio do olhar; falar sem prestar atenção em quem ouve; focar a parte negativa do outro; cobrar, exigir; postura corporal de defesa; reações paradoxais de alegria e tristeza, raiva e dor; ingratidão; choro sem motivo; ansiedade exagerada; medos sem fundamento.

Críticas construtivas

Melhor calar do que magoar. Ninguém está preparado para ser criticado. Tentamos preservar nossa maneira de ser e toda e qualquer crítica nos parece uma ameaça, pois desejamos sempre ser amados e aceitos. Se não gosta da forma de ser dos outros, tente entendê-la e aceitá-la; não quer dizer conformar-se. Nunca tente mudar o outro para satisfazer suas necessidades. Respeite essa regra básica do direito universal. Ajude-o a perceber que deve mudar. Como? Modificando-se a si mesmo. O desejo de mudança sempre deve brotar de dentro para fora, pois é fruto de uma vida cada vez mais consciente.

Independência

O que fazer para investir numa relação prazerosa?

Acima de tudo, é preciso aperfeiçoar nossa forma de ver e sentir as coisas da vida – sejamos mais leves, simples e soltos. Mas para tal é preciso aprender a não depender dos outros; devemos amadurecer com as jogadas erradas no LOVE GAME para adquirir soberania emocional. Sejamos como a água que corre em direção ao mar: ela não se desgasta com o obstáculo, apenas o contorna; nem se conforma, segue sempre adiante.

Sugestão

Apóie o outro e permita ser apoiado por ele, simplesmente.

Sempre: assentado nas verdades da vida que "a traça do desejo não corrói, nem a ferrugem das ilusões destrói..."

Gravidez

Na hora certa, jogada de mestre; no momento inoportuno, encrenca à vista... Oferecer a alguém a possibilidade de participar do game é um momento maravilhoso. Um dos objetivos do jogo é criar possibilidades para aumentar o número de participantes e compartilhar a alegria de superar os momentos de luta e dificuldades.

Gravidez aguardada

Feliz de quem chega como um novo integrante da equipe do LOVE GAME na hora certa e no momento combinado. Sentir-se desejado e importante renova nossas energias e nos dá mais disposição para seguir em frente. Sentir-se amado e envolto em clima de esperança traz consigo uma imensa paz, mas também uma enorme responsabilidade de desempenho. Tudo na vida tem seu preço: "a quem muito foi dado, muito será pedido"...

Gravidez não desejada

Quando surge um novo participante não desejado, e até recebido como intruso, as possibilidades de GAME OVER aumentam para todos os envolvidos. Muitos e variados costumam ser os motivos de ordem pessoal e até da situação vivida: insuficiente equilíbrio emocional e afetivo, situação indefinida do casal, dificuldades financeiras etc.

É incalculável o número de jogadores do game da vida nascidos sem que fossem esperados e durante sua vida costumam sofrer de várias doenças da afetividade: timidez, insatisfação crônica, medo, ansiedade, egoísmo, cólera, agressividade etc.

A PIOR DESNUTRIÇÃO

Quem não foi bem amado provavelmente terá muita dificuldade em amar de forma correta. Um dos efeitos colaterais é a obesidade do ego. Pessoas mal amadas desde a gestação costumam hipertrofiar suas necessidades e insatisfações. Quando detectamos isso nos candidatos a nosso bem, é vital para nossa saúde afetiva que aprendamos a suprir as necessidades sem permitir o vampirismo.

ALERTA

As possibilidades de uso da sexualidade são cada vez maiores e mais perigosas, principalmente entre os jovens. A falta de cuidados na prevenção e o não cumprimento das regras básicas nas relações são os algozes de muitos relacionamentos. Os desdobramentos futuros são inevitáveis e irreversíveis, pois é um fato sem volta. Pessoas geradas nessas condições muitas vezes apresentarão algum tipo de desnutrição afetiva.

SUGESTÃO

Procure saber em que condições seu amor foi gerado. Como foi sua gestação. Descubra particularidades sobre sua infância, tanto para somar às pesquisas de compatibilidade como, principalmente, para oferecer o que lhe foi negado naquela época tão importante. Quanto mais detalhes soubermos a respeito de nossa cara-metade melhor poderemos suprir suas necessidades de saúde afetiva.

Aborto

Uma das jogadas mais perigosas do LOVE GAME é sem dúvida a exclusão compulsória de um jogador não desejado: o aborto. Claro que cada caso é diferente dos outros; mas provavelmente aquele que foi impedido de participar do jogo no tabuleiro da existência vai revoltar-se e se sentirá no direito de retaliar. "Se fui convidado para jogar na arena física, porque não posso jogar? Fui contratado para 'mofar' no banco de reservas?" Nessas condições, a antes inocente vítima passa a algoz com larga vantagem: a da invisibilidade na arena física; seu carrasco passa a impingir-lhe todo tipo de malefícios e tormentos sentidos, de início, como efeitos na forma de problemas, doenças físicas, emocionais e da afetividade.

Na quase totalidade dos casos, o criminoso será indiciado no tribunal da vida como réu de crime hediondo por motivos inegáveis: egoísmo, interesses financeiros, orgulho, status social etc. As penas variam segundo os fatores agravantes e atenuantes e continuam além da morte e de nova vida...

Alerta

Quem já cometeu esse tipo de jogada infeliz deve começar rapidamente a reparar o erro por meio de benefícios em favor dos mais desvalidos. Cuidado com as armadilhas da culpa e do remorso que podem excluí-lo do game por um bom tempo e tornam-se a porta de entrada para sofrer todo tipo de vingança e de retaliação dessa vítima ou de outros desafetos do passado. Que fique claro: esquecer é saudável e permitido, porém reparar o erro é condição obrigatória; melhor começar a pagar a conta antes da execução da dívida. Colaborar no amparo de crianças carentes, por exemplo, é uma forma de reparar o erro cometido.

Terceiro intervalo

*Relacionamentos indefinidos:
resultado de falta de maturidade, narcisismo
e medo da responsabilidade, dentre outras
características da vida urbana.*

Analisar a situação de namorar é mais fácil do que a de "ficar". O conjunto das intenções que a seguem é relativamente claro. Por outro lado, ao permitirmos que alguém fique conosco, fica a dúvida: é uma situação clara e consciente ou é um tipo de fuga? Será que é só para "salvar a noite"? Ou não?

Ficar não é bom nem ruim, pois numa época em que tudo corre a jato, pode ser também uma forma de não descartar um possível relacionamento mais duradouro. Essa situação indefinida pode até tornar-se uma saudável fase de aprendizado. O problema é que boa parte de nós não estuda nada e pensa pouco.

Então, ficar torna-se apenas uma forma de deixar "rolar alguma coisa" ou apenas colher amargos efeitos das armadilhas do amor e principalmente do sexo: DST, gravidez, aborto, obsessão.

Hoje é permitido e possível experimentar para ver se gostam ou não; a liberdade é muito maior. Em conseqüência, os riscos e a responsabilidade também, pois o aumento da liberdade amplia a responsabilidade inevitavelmente.

Sugestão

Para evitar o descarte e o sofrer do GAME OVER vale a pena recordar, quantas vezes seja possível, as regras básicas: melhorar a transparência é garantia de paz. Aprendamos a cultivar a clareza de intenções em tudo o que fizermos, principalmente nos relacionamentos. Esse tipo de atitude nada tem de religioso ou moralista, é a lei da clareza de intenções. O cuidado e o respeito pelo outro como gostaríamos de ser tratados são os requisitos necessários para nos relacionarmos com sucesso.

Alerta

Cuidado com o que fala. Juízo quando diz: "Não vivo sem você!", "Eu te amo!", "Eu te adoro!" As pessoas costumam desconhecer o que falam. A ida ao dicionário pode ser um bom começo para aprendermos a medir o efeito das palavras que habitualmente usamos, tanto para "falar com nossos botões", quanto na conversa com os outros. Costumamos ser descuidados, "não estamos nem aí" com o significado real delas e simplesmente "papagueamos", o que representa perigo. É preciso usá-las de forma inteligente, pois nesta vida cada vez mais rica em detalhes, esse hábito pode fazer a diferença entre sermos felizes ou infelizes, entre distribuir alegria ou sofrimento.

Estudar o significado das palavras que usamos em nossa fala e as intenções que as acompanham é bom e custa pouco. Será que combinam? São correspondentes? Nossas palavras, pensamentos, emoções, sentimentos e atitudes concordam ou são discordantes? Se penso uma coisa, digo outra e tenho atitudes diferentes disso, sou uma pessoa normal ou sou maluco? Além disso, essa atitude pode tornar-se o diferencial entre sermos honestos ou desonestos, enganadores.

Educação

É preciso rever nossa educação. Quando se trata de comunicar o que pensamos e sentimos temos um problema: a educação que usa a mentira como recurso educativo. Ela conduz a criança e o jovem a ocultarem seus interesses e a criar várias personalidades numa mesma pessoa; que pensa uma coisa e diz outra diferente. Esse comportamento é uma das causas de sofrimento nas relações afetivas. Que tal ir ao dicionário para entender melhor o sentido do que falamos e ouvimos sobre namorar e ficar?

Namorar

v.t.d.

1. Procurar inspirar amor a; requestar; cortejar; fazer a corte a; 2. Cobiçar; desejar vivamente, possuir. 3. Manter relação de namoro.

Analise cada uma dessas palavras, seu conteúdo, seu significado e o uso que você costuma fazer delas, pois é muito importante para sua saúde afetiva.

FICAR

v.t. (do lat. hipot. *figicare*)

1. Manter-se em lugar ou em uma situação, permanecer 2. Deter-se, parar, repousar 3. Não ir além de, importar 4. Assentar, combinar, prometer 5. Restar, sobrar 6. Adquirir, apoderar-se de, caber. II Ficar a ver navios, ficar sozinho, ser abandonado, ser logrado. II Ficar bem, assentar, combinar. II Ficar de fora, ser excluído. II Ficar de papo para o ar, não fazer nada. II Ficar de pé, subsistir. II Ficar limpo ou liso, ficar sem dinheiro. II Ficar na mão, ser esquecido, não receber nada. II Ficar para tia, não casar. II Ficar surdo, não atender, ser intransigente. II Ficar sujo, desacreditar-se.

* v.l. – Conservar-se, quedar-se.
* v.pr. – Tornar-se, converter-se.

Antes de qualquer consideração, é preciso que fique definido, e com clareza, o que é ficar, namorar e outros conceitos que envolvem as relações humanas com ou sem sexo.

Enquanto palavras, namorar e ficar não têm grandes diferenças de conteúdo, apenas de forma. O benefício ou o prejuízo pode ser quase o mesmo, caso a situação seja bem ou mal conduzida. Mas até enquanto simples palavras são capazes de formar idéias; mostrar ou ocultar vontades, desejos, compulsões, tendências, impulsos: necessidades íntimas a serem satisfeitas e idéias. Elas tornam-se forças criativas ou destrutivas em ação.

Sugestão

Pense bem a respeito da arte de falar ou de calar sobre os temas do LOVE GAME, pois a palavra é o verbo, uma ferramenta capaz de trazer a paz ou a guerra. As palavras carregam consigo uma quantidade de energia potencial capaz de alterar o destino de uma pessoa. Pense nisso.

Quando percebemos que começamos a nos interessar por alguém, desencadeamos um conjunto de intenções seguidas de emoções, sensações, olhares, postura corporal, palavras, atitudes, que provocam no outro ações e efeitos que fingimos não perceber; quando é do nosso interesse, se algo foi mal, tentamos fazer "cara de paisagem" – inutilmente.

Palavras x intenções

É bom analisar o significado da intenção antes de detalharmos a diferença da fala entre namorar e ficar. Somos capazes de intentar, antever, planejar, mudar ou criar algo; no caso das intenções, temos um problema: apenas podemos esconder nossas intenções dos "sentidos fisiológicos" das outras pessoas; mas é impossível esconder o que irradiamos e emitimos como padrão vibratório quando pensamos, sentimos e atuamos. Quando falamos, espalhamos para o universo todo quem somos. Foi o que Jesus ensinou numa situação ainda corriqueira: a traição conjugal. Ele disse que ao pensar em trair já estamos traindo, sem que seja necessário uma confirmação pela atitude ou ação concretizada.

Pause

De novo, vamos usar o recurso do parar para pensar e analisar por intermédio do sentido do nosso discurso cotidiano.

Somos capazes de ter intenções, então devemos estudar bem o significado de intentar, planejar.

Intenção

s.f. (do lat. *intentio, intentionis*)

1. Desígnio deliberado de praticar tal ou tal ato 2. Vontade, desejo 3. Pensamento secreto e reservado II Segunda intenção, conceito reservado, idéia subentendida, propósito disfarçado.

Do conjunto das intenções nas relações com as outras pessoas, resulta a qualidade dos futuros laços humanos que vamos formar.

Não apenas com as do sexo oposto, mas com todas as criaturas, inclusive os laços de família que podem virar nós cegos. Na atualidade, a velocidade com que tudo acontece faz com que as resultantes da Lei de Causa e Efeito também apareçam a jato. "Entregou-se ao embalo", não é raro acordar no dia seguinte com sérios problemas de DST ou gravidez não desejada; pior ainda: com desejo de abortar...

Paremos um tempo para analisar a qualidade das relações familiares das pessoas mais "chegadas". A maioria é bem complicada, não é? Relações por vezes de "muitas caras", interesseiras, falsas, de aparências, verniz social meio riscado aqui e ali. Até algum tempo atrás, escondíamos com certa facilidade o que "rolava" em nossa mente. Hoje, sustentar esse padrão de atitudes é mais difícil. As máscaras vão cair uma atrás da outra: "Eu não era assim! O que será que aconteceu?", "Credo, não esperava isso de fulano!". O que plasmarmos em pensamentos ou expressarmos em atitudes, por mais que tentemos esconder, vai se revelar, cada vez mais depressa.

ARMADILHAS DA MODERNIDADE

Nos jogos de amor, respeitar as regras da natureza é a única forma de sairmos vencedores. Vivemos a plenitude da sociedade que rotula e embala para consumo tudo o que se relaciona com o ser humano e que gera o descartável e o supérfluo. A mídia cria modelos de apresentação da relação amorosa, de desempenho sexual e de fantasias de orgasmos seguidos, não importa a que preço, que nada têm de real. Alguns desses modelos são, além de muito malucos, inatingíveis, e, dessa forma, criam-se necessidades de consumo para poder vender produtos para o desempenho sexual nas lojas especializadas.

SUGESTÃO

Não é bom sinal para nosso futuro que estejamos no rol dos que precisam desse tipo de coisas. Nos dias que correm, se quisermos conservar alguém ao nosso lado vamos ter de trabalhar muito em dedicação, respeito e afeto para nos colocarmos à altura do que desejamos para nós.

Pause

Pare um momento para avaliar algumas mudanças nos conceitos e paradigmas que se processam na vida contemporânea, pois a cada dia nos defrontamos com novos desafios.

Adolescência prolongada

A dificuldade em dar um nome ou definir os relacionamentos na atualidade deve-se muito à reviravolta que sofreu a educação formal, que saiu do autoritarismo para a liberação geral; do oito para o oitenta – o que gerou outro fruto do estilo moderno de viver: a adolescência foi esticada, daí a fase do se conhecer e de se curtir estendeu-se muito além dos trinta anos. O aumento das exigências para atingir o sucesso na vida profissional mantém os filhos mais tempo no convívio com os pais.

Alerta

Quando nos interessa, somos muito críticos. Não se trata de uma geração de pessoas folgadas, apenas acomodou-se um desejo nem sempre confesso dos pais: manter os filhos sempre por perto. Juntou-se a fome à vontade de comer, pois embora eles tenham desejo de autonomia e de vida própria, muitos acomodam-se e não se importam com a dependência econômica. E se uma experiência afetiva não der certo, a família "bancará" outra...

Sugestão

Mesmo que seja sofrido para todos, é melhor sentar e conversar com clareza a esse respeito. Pais e filhos devem definir seus papéis e o grau de responsabilidade dos envolvidos no LOVE GAME, para o bem de todos.

Sucesso profissional

Geralmente, para disputar com sucesso o mercado profissional há a necessidade de sacrificar algumas coisas; dentre elas a saúde afetiva. Uma das questões nem sempre bem colocadas no início dos relacionamentos: no atual sistema de vida, para muitas pessoas, a vida afetiva e familiar está em segundo ou terceiro plano; se essa intenção de valores for colocada de forma clara desde o começo, o vazio existencial da falta de amor e a decepção de nos sentirmos quase excluídos da vida de nossos amores pode ser atenuada.

Alerta

Como nos atribulados dias de hoje, a profissão e os ganhos estão acima de tudo. É claro que o amor e/ou paixão podem ser destruídos em segundos, dentre outras coisas, pelo toque de um celular que deve estar sempre ligado para que grandes oportunidades no trabalho não sejam perdidas. Caso isso seja muito freqüente, não há paixão que resista anos, meses, dias, horas... Levar trabalho para casa é outro problema sério que poderá causar transtornos à vida amorosa. Carregar os problemas da profissão é outro fator que destrói a saúde afetiva. Em meu trabalho de médico da família, tenho a necessidade de avaliar com critério até esses detalhes para cuidar de forma integral da saúde dos pacientes.

Alerta

Incontáveis são as vítimas do celular no mundo atual. Permitem-se atender ligações o tempo todo e entregam-se a diálogos intermináveis. Uma forma simples de resolver é desligar o aparelho e ligar de volta mais tarde. Algumas pessoas, porém, mantêm o celular ligado nos momentos mais impróprios.

Pause

Pare para pensar. Caso encontrasse hoje o amor de sua vida, em que posição de prioridade ele se encontraria? Como acomodar seus desejos de sucesso profissional e de realização pessoal a esse amor? Anote tudo, planeje, crie metas e execute-as.

Excesso de ofertas

Hoje, as armadilhas no game que levam a encontrar pessoas interessantes são cada vez maiores, especialmente nas grandes metrópoles. Elas são proporcionais ao excesso de ofertas que gera a expectativa de se achar alguém que atenda mais aos nossos interesses, a qualquer momento e em qualquer local. Dessa forma, nosso inconsciente evita que nos fixemos em alguém, para estarmos sempre disponíveis para encontrar um novo objeto do desejo: no próximo bar, na próxima festa. O vírus da insatisfação crônica está "com a corda toda"...

Alerta

Claro que de acordo com os valores atuais, a corrida pela conquista amorosa oferece possibilidades diferentes para homens e mulheres. Homens maduros, solteiros e bem-sucedidos são bons partidos; objeto dos sonhos. Mulheres nessa condição são vistas de forma muito diferente. Vale um alerta para os homens: as bem-sucedidas na vida profissional e pessoal na atualidade têm dificuldade em encontrar homens inteligentes e bem-resolvidos quanto ao seu papel na relação...

Sugestão

Rever o foco das necessidades masculinas e femininas tanto na vida afetiva e sexual é recurso indispensável para não cair no GAME OVER.

Eu sei quem você é...

A vida cosmopolita proporciona mais visibilidade às pessoas no deslocamento de casa para a escola e o trabalho. Muitas pessoas descobrem seus amores no transporte público, como ônibus e metrô e, também, nos espaços culturais e nos de consumo como o *shopping center*.

A internet tornou-se uma vitrine para que as pessoas se exponham aos seus pretendentes. Além disso, hoje a tecnologia de comunicação permite que a pessoa possa ser monitorada e encontrada a qualquer instante. Os rituais de aproximação não têm mais territorialidade como antigamente. Um dos efeitos colaterais: a perda da intimidade deve avançar cada vez mais. Claro que a qualidade interativa das relações vai encolher de forma defensiva, pois outro efeito colateral é o descarte mais fácil – antigamente nossas tentativas de relacionamento tinham testemunhas que de alguma forma relativamente inibiam segundas intenções ou o descarte puro e simples...

Na minha experiência pessoal de atendimento médico, observo que a influência das dificuldades na condução das emoções mais básicas tem gerado sérios problemas na saúde afetiva. Essa ocorrência repercute imediatamente na saúde física e o remédio para a cura não se encontra nas prateleiras das farmácias.

Sugestão

Embora a camuflagem seja facilitada pela internet, ela proporciona também uma exposição mais contundente dos aspectos negativos, muito mais do que os positivos. Explicação: antes, se alguém queria se vingar de você e armava algo, tudo ficava no "diz-que-diz", no lento "boca a boca" da maledicência e da calúnia. Hoje, a tecnologia permite que nossos deslizes sejam espalhados para todo mundo; portanto, todo cuidado é pouco.

As contradições fazem parte da evolução humana. Quando pensamos estar adquirindo maior livre-arbítrio, percebemos que abrimos mão dele e que somos controlados por mentes estranhas a cada momento. Por câmeras de TV ("Sorria, você está sendo filmado!"), por satélites usados por governos e instituições.

Sugestão

Quando ler ou ouvir algo sobre influências negativas, não desdenhe; aprenda a colecionar informações para poder defender sua integridade pessoal.

Amplificação da sensação de estar só

A forma moderna de viver induz ao isolamento. A cada dia, na arena do LOVE GAME, os espaços estão sendo reduzidos e estamos sendo atirados de encontro a nós mesmos, com muita força. Isso nos faz sofrer, pois fomos educados a viver para o público externo, para os outros. Nossos conflitos íntimos se acentuam e hoje temos muita dificuldade em dividir com as pessoas tanto as vitórias interiores quanto os fracassos, pois o que é importante para mim não é para o outro e vice-versa. Claro que viver no mundo das aparências e da superficialidade com tanta intensidade vai acentuar a sensação de estar só, de não ser aceito nem compreendido. Quando não há entrega nem cumplicidade de fato, o egoísmo toma conta e não há como compartilhar nem assumir.

Sugestão

Basta observar mais de perto a vida das pessoas públicas. Folhear as revistas e assistir aos comentadores da vida alheia. Observemos os erros dos outros e evitemos repeti-los.

Alerta

Anote a preferência de seu bem a respeito de leituras e de mídia. Caso não seja compatível com a sua. Pense bem, pois a vida não dá saltos.

Sugestão

Reveja os conceitos a respeito de *solidão* e *compartilhar* para evitar o GAME OVER cada vez mais precoce.

O PAPEL DA MULHER MODERNA

Aguardar até o limite do suportável e cobrar com inteligência e equilíbrio emocional e afetivo o "compromisso" na relação afetiva, na sociedade em que vivemos, ainda é um dos papéis mais complexos no teatro da vida afetiva da mulher.

SUGESTÃO

Rogamos a todos que parem para pensar, pois modificar o padrão de atitudes de homens e mulheres com relação aos compromissos assumidos ou não é um dos objetivos principais desta nossa interação no LOVE GAME.

ALERTA

Mentes machistas desajustadas e poderosas por meio da MÍDIA incitaram a mulher a assumir compromissos indevidos como forma para encontrar igualdade de direitos, sobrecarregando-a de obrigações (financeiras e de sucesso) e não lhes dando recíproca dos direitos na saúde afetiva pessoal e coletiva.

Quando a pessoa do sexo feminino abre mão do seu real papel perante a arena do jogo do LOVE GAME para assumir a tarefa masculina, não importam os motivos, encontrará muitos desafios. Nesta época de liberação da mulher, muitas caíram na armadilha e colocaram as necessidades profissionais acima das afetivas; trocaram a natural capacidade de amar pela saciedade dos desejos.

Quem ganhou e quem perdeu?

Ainda em contagem dos mortos e feridos, apenas o tempo dirá...

Sugestão

Parar para pensar é sempre bom. Não sejam tão ávidas, não se deixem iludir.

No LOVE GAME, *ser* mulher é a mesma coisa de *estar* mulher?

O conceito de aproveitar a vida

A incerteza de muitos sobre a continuidade da vida além da morte do corpo os leva a interpretar a existência baseada nos conceitos de prazer dos sentidos, que priorizam o gozo imediato a qualquer custo e a qualquer preço.

Mas, segundo nossas metas que consideram a eternidade do espírito, o que significa aproveitar a vida no LOVE GAME?

Como encarar o desafio de viver juntos até que a morte nos separe? Como hipotecar ao outro as futuras oportunidades de vida em comum?

Consumismo

A síndrome do consumismo já atingiu a vida afetiva: destruiu a perenidade e enalteceu a transitoriedade do descartável. O conceito de apropriação (rapidamente seguida do descarte) substituiu o de posse numa velocidade que desestabiliza. "E daí, quer ser dona dessa criatura ou deseja usá-la e atirá-la na lixeira?" Quando sair do virtual para o real?

Pause

Vale a pena parar para pensar a respeito.

Segundo os modernos mensageiros da modernidade, tudo pode ser usado e descartado.

Não é à toa que o excesso de velocidade e o lixo sejam preocupações da vida pós-moderna. Esse modo de viver parece ter influenciado nossas relações amorosas. Quanto mais rápido você aproveita do outro para satisfazer suas necessidades de consumo, mais rapidamente você o descarta. Mas o que fazer com o que não mais nos serve?

Alerta

Hoje lixo – amanhã lixeira. Hoje consumidor – amanhã resto...

Qual é a sua?

Lixo – lixeira – consumidor – comida – resto...

Sugestão

Hoje, poucas situações de vida são estimuladas a irem além da primeira experiência, nos condicionamos a acreditar que tudo é descartável.

Vivemos na era da tentativa de perenizar a juventude porque os jovens, por definição, cumprem esse quesito em ambos os papéis, como consumidores e como objeto de consumo. Os "idosos" por outro lado, tornam-se sem querer o exemplo do que está por aí há muito tempo e não encerra surpresas. Devem ser descartados. Parece que sim, pois vivemos na sociedade dos defensores do prazer onde predomina todo tipo de falta de qualidades humanas.

Pause

Mas como medir o prazer? Felicidade pode ser comparada? Como você pode dizer que foi tão bom quanto deveria ser? Será que breve os cientistas a serviço do próprio ego vão criar e licenciar um aparelho capaz de medir seu prazer? A sensação de estar feliz depende da energia sexual? Felizmente, o sexo é um ato duplo, interativo; apenas uma troca de prestação de serviços, segundo a visão dos dias atuais. Exemplos a esse respeito para quem tiver olhos de ver e ouvidos de ouvir não faltam nem deixarão de nos alertar; mas até quando?

Desemprego e crise financeira

Nenhum príncipe encantado ou fada sobrevive à falta de dinheiro... O primeiro a sofrer as angústias da perda da capacidade de consumir ou da vergonha das dívidas não saldadas é o corpo: problemas de pele, gastrites, enxaquecas, aumento de apetite que leva à obesidade, perda do apetite sexual, hipertensão etc. A perda da auto-estima leva à depressão, diminuição da libido e breve a vida afetiva foi para o GAME OVER.

Vida virtual

Hoje, o perigo de viver além da conta na imaginação (morte em vida) aumentou com as comunidades virtuais e o orkut. Um número cada vez mais crescente de pessoas vive a ilusão de curtir sua cara-metade apenas teclando ou visualizando imagens quase sempre falseadas. De cada dezena de caras-metades encontradas na INTERNET, uma dá certo na vida real; parte delas acaba nos noticiários.

Considerações finais

Uma conclusão nos levará, inevitavelmente, a um REPLAY das regras e das sugestões mais básicas do jogo, algumas repetidas várias vezes durante os intervalos, com a finalidade de automatizá-las em nosso subconsciente para jogadas futuras; nada a ver com "jogar conversa fora". É apenas uma pálida tentativa de compensar a "lavagem cerebral" a que estamos sujeitos no dia-a-dia.

Sugestão

Cada um deve escolher a fase que mais o incomodou para ajustar a tecla REPLAY. Volte ao que mais detestou – aos momentos que teve vontade de justificar, de desculpar-se e até de "rasgar o verbo" ou contradizer. Pois aí está seu espelho – a origem de boa parte de seus problemas – vá fundo.

Como condutor inicial deste jogo, dentre essas repetições, é importante que se destaquem algumas:

Você é o construtor do seu próprio destino. Nunca perca essa regra de vista.

Pare, de uma vez, de culpar isto ou aquilo, esta ou aquela pessoa, pelas suas dores, frustrações, dificuldades, prazer, alegria – assuma a existência.

Fique ligado, entre no jogo; e entre nele para ganhar – para felicitar.

As oportunidades de confirmar as regras para a melhor forma de jogar apresentam-se às centenas dia após dia, preste atenção para não desperdiçar tempo.

Perdedores só recebem "tapinhas nas costas" e consolo. Desculpas e justificativas é para jogador medíocre. Craque assume, perdoa, consola, ampara, socorre, sorri, gargalha.

A Terra é planeta escola; não colônia de férias.

Se deseja ser feliz, trate de ir à luta. A cada dia você encontrará dificuldades a serem superadas na vida em comum e para que não abandone suas tarefas e as pessoas, ao primeiro sinal de dificuldades, é preciso que saiba com clareza quem você é e o que quer da vida. Para isso, é preciso meditar – use e abuse do PAUSE. Para que encontre a resposta para as questões: "Quem somos nós e o que fazemos aqui?" "Quem sou eu e qual é a minha tarefa de vida?", aprenda a ficar de bem com você mesmo.

Crie na sua vida um momento só seu, pois precisa estar com você mesmo com freqüência para acertar as coisas na sua intimidade.

A PESSOA MAIS IMPORTANTE

Antes de sair à procura de parceiro para jogar o Jogo da Vida, faça as pazes, perdoe, aceite, aprenda a amar a pessoa mais importante do mundo: você mesmo. Com quem você caminhará eternidade afora? Quem o acompanhará para sempre? Aquele que está ao seu lado? O que cruzou seu caminho? Quem sabe? É possível que não. Mas você estará sempre com você mesmo. Pense bem nisso.

A MELHOR ESCOLHA

A cada dia, no progressivo LOVE GAME, muitas pessoas cabem nas probabilidades do seu destino a cumprir. Umas certamente seriam menos problemáticas do que outras. E antes de se acomodar e colocar a culpa em Deus ou no destino (o que existe, na verdade, é a Lei de Causa e Efeito), descubra que a lei de sintonia é intermitente, ela seleciona o tipo de pessoa que vai surgir na sua vida e todas as que surgirem terão defeitos e qualidades, com certeza.

Uma das intenções deste jogo é modificar suas disposições interiores para atrair companhias mais interessantes para você praticar o jogo da vida.

SUGESTÃO

Não aguarde ninguém perfeito, pois não há.

Para que saiba encontrar a pessoa certa para cumprir suas tarefas na arte de ser feliz, observe, reflita e atue. Você pode e deve selecionar as pessoas que possuem características afins para compartilhar a vida com você; no entanto, melhore continuamente os critérios que vem aplicando.

Como me sairei no game?

Se você não quiser entender e aplicar as regras do jogo que a vida ensina a cada instante, com certeza os resultados serão iguais aos dos modelos que você adotou. E o mais triste: você cometerá os mesmos enganos que agora tanto critica nos outros ou fará pior ainda do que eles.

É importante seguir as regras, porque tudo o que começa de forma correta é mais fácil de ser aperfeiçoado. A reforma sai sempre mais cara e trabalhosa do que a construção: disso não há dúvida.

Alerta final

Aprenda que não se brinca com a vida das pessoas.

Quando interagimos, criamos laços e até verdadeiros "nós", às vezes, "nós cegos". Energéticos e invisíveis laços; mas reais e atuantes. Que felicitam ou trazem consigo a dor, que alegram ou fazem sofrer. A lei de retorno mais cedo ou mais tarde encontra quem a disparou. Exatamente como um bumerangue. Cada escolha que fazemos capaz de interferir na vida de alguém, não importa se durante minutos ou anos, é um bumerangue atirado no túnel do tempo. Todo cuidado é pouco, pois nossas escolhas de um jeito ou de outro acabam interferindo na vida de alguém e retornam trazendo a conta.

Sugestões para os próximos jogos de amor

Sonhos não têm limites, mas a realidade sim.

Existem limites específicos para cada situação, metas, sonhos e pessoas; em tudo e em todos eles são necessários para que a vida flua de maneira responsável e coerente.

Vontade move o limite e concretiza sonhos.

Não basta querer; é preciso ir à luta.

Aprender a encarar a verdade.

Algumas pessoas precisam constantemente lançar mão da omissão, da mentira e de uma boa dose de fantasias para esconder o que se passa dentro delas.

Distorção da própria imagem – excessiva preocupação com a beleza que vem de fora. Sugestão: só "embalagem bonita" não resolve, ame-se para ser amado e cuidado com a propaganda enganosa.

Descomplique.

Aprenda a cultivar a simplicidade. Não queira ser uma pessoa de marca inacessível a quem está ao seu lado.

Avalie o poder da palavra. Pense muito antes de falar, mas fale assim que pensar. Sentimentos de amor e tirania são incompatíveis. Não permita ser dominado nem conduzido – quem abre mão da liberdade abdica da condição de ser humano – não se anule.

Como medir o prazer? Não permita que ninguém determine o que é prazeroso ou não.

Olhos são a janela do corpo e da alma.

"Olhos nos olhos; quero ver o que você diz"...

Para compreender o que eles dizem é preciso sensibilidade e treino.

"Quando a luz dos olhos meus/ E a luz dos olhos teus/ Resolvem se encontrar/ Ai, que bom que isso é meu Deus/ Que frio que me dá o encontro desse olhar."

(Tom Jobim)

O olhar como janela da alma é um dos mais eficientes meios de comunicação do ser humano; capaz de revelar sentimentos profundos e desmentir as emoções anunciadas verbalmente.

Atendo a alguns pacientes portadores de PC (paralisia cerebral) graves e nos comunicamos pelo olhar – experiência intraduzível que apenas pode ser compartilhada com os pais desses amigos.

Alerta

Cuidado com as pessoas que mantêm fechada a janela do olhar. Ninguém é retraído a troco de nada. Evitar o olhar direto pode significar insegurança ou camuflagem de intenções. Diagnosticar as razões depende do interesse que tenhamos em seguir adiante com a interação.

Gostou do nosso jogo? Expresse sua opinião.

Como colocação final, peço ao amigo que não se omita: comente, critique, torne-se um ativista na arte de ser feliz. Use nosso espaço na INTERNET. Crie seu espaço.

Sugestão

Discuta filmes, peças de teatro, letras de músicas, para aproximar os que buscam significados, encontrem e encontrem-se...

Tal e qual Jesus e outros; de todos os tempos conhecidos.

Invente um LOVE GAME e o compartilhe conosco.

Paz e amor.

O autor

Trilha sonora de nossa vida

A vida é repleta de sons e imagens que estimulam nossa sensibilidade, emoções e instintos. Claro que o ambiente cultural em que vivemos moldou nossa forma de perceber o LOVE GAME.

Recorde e reveja a trilha musical que marcou seus amores, seus encantos e desencontros. Que tipo de musicalidade faz brotar a emoção que estimula em você a busca de amor cada dia mais pleno?

Nascido na década de 1950, sinto-me um privilegiado em compartilhar com tantos poetas as percepções da arte de questionar e amar.

Bibliografia

ANDRADE, Mário de. *Amar, verbo intransitivo*. Rio de Janeiro: Agir, 1986.

ASSIS, Machado de. *Dom Casmurro*. São Paulo: Ática, 1999.

FREUD, Sigmund. *Obras completas*. Madri (Espanha): Editorial Biblioteca Nueva.

MUSSAK, Eugênio. *Metacompetência: uma nova visão do trabalho e da realização pessoal*. São Paulo: Gente, 2003.

WEIL, Pierre & TOMPAKOW, Roland. *O corpo fala*. Rio de Janeiro: Vozes, 1999.

Robert Holden

MUDANÇAS ACONTECEM!

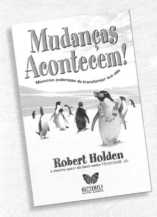

Você pode – e deve! – mudar sua vida para melhor. A saúde, a prosperidade, o amor, a paz e o sucesso estão ao seu alcance neste incrível *best-seller*. Livre-se – de uma vez por todas – da mágoa, da insegurança e da desilusão... Afinal, o que você está esperando?

Robert Holden

FELICIDADE JÁ!

É hora de ser feliz! A felicidade está ao alcance neste guia excelente, de quem pretende encontrar a realização pessoal. Páginas vibrantes de um incrível manual, repleto de recomendações práticas para aqueles que desejam viver em paz, livres e felizes...

Robert Holden

RIR AINDA É O MELHOR REMÉDIO

A felicidade e o sucesso estão mais perto de quem é bem-humorado. Rindo, nos libertamos de todas as tensões do dia-a-dia. A medicina do riso não é nenhuma novidade: os efeitos saudáveis da alegria de viver encontram-se no hinduísmo, no islamismo, no taoísmo, no judaísmo e no cristianismo...

Richard Matheson

AMOR ALÉM DA VIDA

Se você amou o filme, vai adorar o livro! Este é o *best-seller* que deu origem ao sucesso do cinema que emocionou milhões de pessoas! Conheça a história completa de Annie e Chris e viva emoções ainda mais intensas! Descubra, entre dois mundos, a incrível força do amor para a qual não existem barreiras.

Roy Stemman

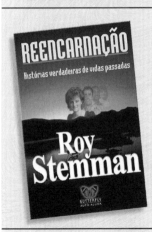

REENCARNAÇÃO

Toda a verdade sobre a reencarnação. Casos extraordinários revelam a realidade da reencarnação. Por que, quando e onde reencarnaremos? Reencontraremos nossos entes queridos? Mudaremos de sexo? Exemplos verídicos respondem a essas e a muitas outras perguntas...

Carla Wills-Brandon

UM ÚLTIMO ABRAÇO ANTES DE PARTIR

Depoimentos incríveis revelam a presença inegável de parentes e amigos – que já não fazem mais parte deste mundo – ao lado daqueles que se preparam para partir para o outro lado da vida. Pesquisas e relatos que comprovam a realidade das visões no leito de morte.

Amanda ford

SOLTEIRA E FELIZ DA VIDA!

Ser feliz não depende do nosso estado civil. Amanda Ford, escritora norte-americana que é divorciada, demonstra que a mulher solteira tem tudo para viver no melhor dos mundos. De mulher para mulher, explica direitinho o que devemos fazer nos momentos em que nos sentimos sós, tristes e desprotegidas – e muito mais!

Joanna Campbell-Slan

VOCÊ PODE MUDAR SUA VIDA

Em trinta dias, você vai ganhar uma saudável modificação no seu modo de pensar. Neste livro extraordinário um completo programa de transformação pessoal, para vencer dificuldades e viver melhor o dia-a-dia – de bem com você, com os outros e com Deus.

David Kundtz

MOMENTOS SERENOS (1 e 2)

Aprenda a dizer adeus ao estresse e dê boas-vindas à paz, à serenidade e à saúde! Psicoterapeuta de renome, escritor de sucesso e profundo conhecedor dos motivos que levam ao cansaço da mente e ao desânimo, David Kundtz ensina, nestes livros de bolso, como lidar com o desgaste do dia-a-dia.

Catherine Lanigan

UMA AJUDA LÁ DE CIMA

Catherine Lanigan está mais do que certa de que os anjos existem. Neste livro, além das histórias incríveis que comprovam essa afirmação, a escritora descreve suas próprias experiências espirituais, com a intenção de que o leitor descubra como é possível receber a ajuda do Céu.

Catherine Lanigan

NA PROTEÇÃO DOS ANJOS

É possível viver melhor com a providencial ajuda dos anjos! A autora nos aproxima desses verdadeiros agentes da felicidade, ampliando nossa visão espiritual. É tempo de despertar para uma vida melhor: aprenda a contar com a proteção e a inspiração dos anjos!

Catherine Lanigan

QUANDO OS ANJOS NOS PROTEGEM

Depoimentos incríveis e diversos relatos que comprovam a intervenção dos anjos em nossa vida. Aprender a escutá-los, nos inspirando em suas sugestões, é abreviar o caminho que nos conduz na direção da felicidade! Lembre-se: para os anjos, tudo é possível...

Querendo conhecer outros livros da Butterfly Editora, basta acessar o site www.flyed.com.br ou solicitar um catálogo sem compromisso pela Caixa Postal 67545 – Ag. Almeida Lima – CEP 03102-970 – São Paulo – SP.

Américo Canhoto pela Petit Editora

Pequenos descuidos, grandes problemas

Podemos e devemos evitar que nossos filhos sofram dores, aflições e doenças! Médico de família há trinta anos, Canhoto ensina como ajudá-los a se desenvolverem mais preparados para viver. Descubra como isso é possível, tornando-se um educador da nova geração, que veio para transformar a Terra num mundo melhor.

Quem ama cuida

Se você ama seu filho, abra os olhos: desde já é preciso modificar hábitos alimentares e comportamentais que poderão prejudicar o seu desenvolvimento. Toda a experiência do médico de família Américo Canhoto para ajudar os pais a alimentar e educar seus filhos para uma vida saudável que está ao alcance de todos.

Saúde ou doença: a escolha é sua

A saúde do corpo e da alma: sua relação com comportamento, espiritualidade, alimentação, meio ambiente, vida familiar e profissional, sexualidade, cultura e religiosidade. Revelações sobre a origem das moléstias, a saúde, a doença e a cura ao longo da evolução do homem. Sugestões práticas para uma vida saudável!

Chegando à casa espírita

Até onde podemos contar com a casa espírita na busca de soluções para os nossos problemas? Finalmente um livro que responde às perguntas mais freqüentes daqueles que são convidados a freqüentar uma casa espírita. Excelente leitura para aqueles que buscam socorro para suas aflições e dificuldades no Espiritismo.

Se você quiser conhecer todos os nossos títulos, e se interessar em receber um catálogo, sem compromisso, envie seus dados para Caixa Postal: 67545 – Ag. Almeida Lima – CEP 03102-970 – São Paulo – SP ou se preferir via e-mail: petit@petit.com.br